미국 대통령 시리즈 09
(한국미국사학회 20주년 기념사업)

존 F. 케네디

―제35대 대통령―

존 F. 케네디 ─제35대 대통령─

초판 1쇄 발생 2011년 8월 10일

지은이_장준갑
펴낸이_윤관백
편 집_이경남·김민희·하초롱·소성순·주명규·김현진 ┃ 표지_김현진 ┃ 제작_김지학 ┃ 영업_이주하
펴낸곳_도서출판 선인 ┃ 인 쇄_대덕문화사 ┃ 제 본_바다제책
등 록_제5-77호(1988.11.4)
주 소_서울시 마포구 마포동 324-1 곳마루 B/D 1층
전 화_02)718-6252/6257 ┃ 팩 스_02)718-6253 ┃ E-mail_sunin72@chol.com
정 가_12,000원

ISBN 978-89-5933-462-9 (세트)
     978-89-5933-471-1 04990

■ 저자와의 협의에 의해 인지 생략.
■ 잘못된 책은 바꾸어 드립니다.

미국 대통령 시리즈 09
(한국미국사학회 20주년 기념사업)

존 F. 케네디
―제35대 대통령―

장준갑

총괄 편집자의 글

2010년은 한국에서 미국사를 연구하고 가르치고 그리고 배우는 사람들에게 두 가지 면에서 참으로 뜻 깊은 해이다.

첫째는 미국사를 연구하고 가르치는 사람들의 모임인 '한국미국사학회'가 창립된 지 20주년이 되는 해이며, 둘째는 위대한 대통령인 에이브러햄 링컨의 탄생 200주년이 되는 해이다.

이러한 해! 우리나라에서 미국사의 선구자인 이보형 교수를 비롯한 여러 교수와 연구자들은 한국미국사학회가 2010년을 기념할 만한 어떤 일을 해야 한다는 데 의견을 모았다. 이에 당시 학회 집행부는 회장이었던 강원대의 권오신 교수를 중심으로 수차례의 회의와 선배 교수, 학자들의 많은 조언을 통해 미국 대통령 시리즈를 발간하기로 의견을 모았다. 이는 미국사에서 대통령이 차지하는 비중이 대단히 중요하여 우리나라에서도 미국 대통령들을 본격적으로 연구해야 한다는 이유와 더불어 에이브러햄 링컨의 탄생 200주년도 함께 기념하는 작업이라는 점에서 의미가 있는 일이다.

　이에 학회는 미국 대통령 43명 중 일반적으로 1위에서 10위까지 평가를 받고 있는 대통령 10명을 먼저 선정하였다. 조지 워싱턴, 토머스 제퍼슨, 앤드류 잭슨, 에이브러햄 링컨, 시어도어 루스벨트, 우드로 윌슨, 프랭클린 루스벨트, 해리 트루먼, 존 F. 케네디, 로널드 레이건이다.

　선정된 10명의 대통령을 누가 연구할 것인가? 학회는 먼저 우리나라에서 미국사를 연구하고 있는 연구자들을 대상으로 집필 신청을 받고 그 신청자의 연구논문, 책, 칼럼, 그리고 관심도를 토대로 집필자를 선정하였다. 워싱턴-김형곤 교수(건양대), 제퍼슨-정경희 학사지도 교수(연세대), 잭슨-양홍석 교수(동국대), 링컨-양재열 교수(영남대), 시어도어 루스벨트-최정수 교수(고려대), 윌슨-권오신 교수(강원대), 프랭클린 루스벨트-김진희 교수(경희사이버대), 트루먼-김정배 교수(신라대), 케네디-장준갑 교수(전북대), 레이건-김남균 교수(평택대)이다.

　집필진들은 전문적인 연구서를 지양하고 그렇다고 지나치게 대중적이지 않은 정도의 전문적이면서도 대중적인 방향으로 연구방향을 정했다. 가능한 이해하기 어려운 용어와 개념 사용을 보다 쉬운 용어와 문장으로 책을 만들어 많은 사람들이 미국 대통령 시리즈를 읽을 수 있도록 했다.

각각의 연구자들이 나름의 연구 틀을 가지고 있지만 대통령 시리즈인 만큼 가능한 일관성 있는 연구 틀을 유지하고자 했다. 해당 대통령의 역사적 위상, 성장과정, 대통령이 되기 전의 업적, 대통령으로서의 업적, 리더십과 평가 등을 핵심 틀로 삼기로 했다.

우리나라의 출판업계는 늘 한겨울인 것 같다. 매일 수많은 책이 출판되어 나오지만 몇몇 사회적 이슈가 되는 대중적인 서적을 제외한 대부분의 책들은 주인을 만나지 못하고 서점이나 출판사 서고에 그대로 남아 있는 실정이다. 출판업계의 이러한 어려운 사정에도 불구하고 선뜻 학회의 뜻을 받들어 기꺼이 출판을 담당해 준 도서출판 선인의 윤관백 사장에게 심심한 감사를 표한다. 모쪼록 이 대통령 시리즈가 소위 '대박'이 나 선인도 성장하고 이를 집필한 집필자는 물론 미국사를 연구하고 공부하는 모든 사람들이 발전하는 계기가 마련되기를 간절히 바란다.

시리즈 기획 편집 책임
김 형 곤

머리말

존 F. 케네디(John F. Kennedy, 1917~1963)는 미국 제35대 대통령(1961~1963)을 지낸 인물이다. 그는 현직 대통령으로서 불과 3년 정도 재임하다가 46세의 젊은 나이에 암살로 생을 마감하였다. 그는 1947년 1월 29세에 미국 매사추세츠 주의 연방 하원 의원에 선출되어 공직에 발을 들여놓았고, 1958년에는 매사추세츠 주를 대표하는 연방 상원 의원에 당선되었으며, 1960년 대통령에 당선되기까지 줄곧 정치인으로서 선출직 공직을 역임하였다. 그가 대통령직을 포함하여 공직 생활을 한 기간은 약 17년에 불과하다. 그러나 케네디는 미국 역사에서 중요한 인물로서 두고두고 역사가들과 일반인들의 입에 오르내리고 있는데, 이러한 현상은 그가 대통령을 역임하기는 했지만 활동한 짧은 재임 기간만을 놓고 본다면 그리 흔한 일은 아니다. 그가 역사적 인물로 자리매김한 원인으로는 일단 그가 미국 최연소 대통령이었다는 사실(부통령으로서 대통령직을 승계한 시어도어 루스벨트(Theodore Roosevelt) 대통령을 제외하면), 그리고 인기 절정의 젊은 대통령이 임기 중에 암살됨으로써 그의 정책과 비전이 미완의 신화로 남았다는 점 등을 생각할 수 있을 것이다. 그러나 무엇보다도 그가 역대 미국 대통령 중에서 인기 있는 대통령의 반열에 오를 수 있었던 데에는 역시 정치가로서 그의 신념과 행동이 본받을만하며 역사에 기록될 정도로 좋은 평가를 받았다는 사실이 가장 주요한 원인이라고 할 수 있을 것이다.

많은 사람들은 존 F. 케네디가 부잣집 도련님으로서 세상물정을 모른 채 온실의 화초처럼 길러졌고 가문의 엄청난 부와 사회적 영향력을 등에 업고 쉽사리 정계에 입문하여 승승장구 대통령의 지위에까지 올랐다고 말한다. 부유한 명문가라는 배경이 그의 정계 진출에 큰 도움이 되었던 것은 분명하다. 특히 부친 조셉 패트릭 케네디(Joseph Patrick Kennedy)의 역할은 초기에 케네디가 정계에 발을 들여놓고 선거를 치르는 데 결정적인 역할을 했다. 그러나 이러한 좋은 배경만이 그가 정치적으로 성공하고 역사적 인물로 남은 이유가 될 수는 없다. 케네디 자신의 남다른 노력과 비전이 없었다면 한 두 번의 하원이나 상원 의원을 역임하거나 혹은 지역의 정치인으로 남아서 영향력을 행사하다가 은퇴했을 수도 있었다. 왜냐하면 케네디처럼 훌륭한 배경을 가지고 정계에 입문한 많은 사람들이 그러한 코스를 밟고 크게 이름을 남기지 못한 채 역사의 무대 뒤로 사라졌기 때문이다. 그렇다면 케네디는 어떻게 역사적으로 성공한 대통령이 될 수 있었을까? 이 책의 목적은 바로 케네디가 짧은 삶 속에서 대통령직을 포함하여 불과 17년 정도의 공직을 지냈지만 오래도록 미국인들의 기억 속에 훌륭한 지도자로 남을 수 있었던 이유를 탐구하는 데 있다. 많은 사람들은 역사에서 평가받고 있는 케네디의 위대성이 신화적인 측면이 많다고 비판한다. 그런데 신화가 되었든 실화가 되었든 역사적 케네디가 우리가 현재 알고 있는 케네디이다. 만일 신화적인 측면이 있다면 왜 그러한 신화가 생겨났는가, 그러한 신화는 과연 정당한 평가를 받을 만한가 하는 문제들을 논하는 것도 중요하다. 일반적으로 신화는 실제 이야기와 뒤섞여 있는 법이고, 그렇기 때문에 신화는 더욱 강력한 설득력과 흡입력을 갖고 있다. 케네디의 실제 이야기와 신화 이야기를 하다 보면 케네디라는 실체에 좀 더 가깝게 접근할 수 있을 것이라는 것이 필자의 생각이다.

케네디 대통령은 우리나라에서도 꽤 유명한 인물이다. 그런데 의외로 그에 관한 연구나 저술들이 국내에는 많지 않다. 그 이유는 아마 그가 유명하기 때문에 우리가 그를 잘 알고 있다고 생각한 데서 비롯된 것이 아닌가 한다. 최근에 소개된 케네디에 관한 국내의 연구는 미국의 학자들이 펴낸 저술을 번역한 정도이다. 사실 케네디를 국내에 소개하는 작업은 좋은 미국 학자들의 저술을 충실하게 번역해서 출간하는 것이 더 나은 방법인지도 모른다. 왜냐하면 미국 학자들은 미국 내의 풍부한 자료를 활용하여 케네디에 관하여 좀 더 진실에 가까운 초상을 그려낼 수 있는 위치에 있기 때문이다. 현재 국내에서 출간된 번역물들은 그런 저작들이고 번역도 매우 충실하게 되어 있어서 케네디라는 인물을 이해하는 데에는 좋은 길잡이가 된다.

그런데 미국에서 출간된 케네디에 관한 저술들을 읽다 보면 조금 아쉬운 대목들이 발견된다. 그것은 바로 미국인의 눈으로 케네디를 보는 데서 오는 시각의 차이다. 우리가 다른 나라의 역사를 공부할 때 단지 궁금증 차원에서 뿐만이 아니라 그들의 역사와 문화가 우리의 현재와 미래에 연결되어 있을 때 더 많은 관심을 갖게 되고 탐구하려는 마음이 생기게 된다. 케네디의 경우에도 마찬가지라고 할 수 있다. 즉 케네디 대통령에 관한 공부가 우리에게 어떤 의미가 있는가? 미국인들에게는 유명한 대통령이고 존경받는 인물이지만 우리가 반드시 존경하고 떠받들 필요는 없는 것이다. 단지 우리는 그가 어떠한 인물이기에 그러한 존경과 흠모를 받는가, 혹시 우리의 정치 지도자들이나 사회의 지도층 인사들에게 모범이 되거나 경계해야 할 점은 없는 가하는 것들이 우리의 관심사가 될 수 있을 것이다. 그러한 측면에서 케네디 대통령을 우리의 시각에서 조명해 보는 것도 의미 있는 작업이 될 것이라고 생각한다.

이 책은 케네디의 어떤 내면적인 측면이 그가 성공적인 정치가가 되는 데 기여했을까, 또 공직을 수행하면서 그가 행한 지도력이 어떠했기에 그의 행적이 역사에서 거듭 해석되고 평가되는 것일까 하는 물음에 대한 해답을 구하면서 그의 지도자로서의 자질과 능력, 그리고 비전에 초점을 맞추고자 한다. 필자는 케네디의 생애를 두 부분으로 나누어서 서술하고자 한다. 첫 번째 부분은 공인이 되기 이전의 생애로서 1946년까지의 삶을 조명하고, 두 번째 부분은 공인으로서의 삶이다. 첫 번째 부분은 공인이 되기 위한 준비기간에 해당하기 때문에 두 번째 장인 공인으로서의 삶이 논의의 초점이다. 정치 지도자 케네디의 진면목을 대면하면서 우리의 지도자 상은 어떠해야 하는지를 간접적으로 제시하고자 한다. 케네디에게 많은 부정적인 요소들과 배우지 말아야 할 것들이 있는 반면에 정치 지도자라면 반드시 갖추어야 할 긍정적인 요소가 있었다. 필자는 긍정적인 측면, 즉 그의 지도자로서의 훌륭한 면을 드러내고자 한다. 그렇게 하는 이유는 역사 속에서 부정적인 것보다는 긍정적인 것을 찾아내어 후대에 타산지석의 계기를 제공하는 것이 역사가의 임무 중의 하나라고 여기기 때문이다. 물론 부정적인 것을 외면하거나 왜곡한다는 의미는 아니며, 기본적인 시각에 있어서 긍정의 역사가 부정의 역사보다 보다 더 나은 미래를 만드는 데 기여할 것이라고 보기 때문이다.

차례

- 5 총괄 편집자의 글
- 9 머리말
- 17 **1장 출생과 성장**
- 53 **2장 인생의 좌표를 정하다**
- 121 **3장 최고 권력을 향한 여정**
- 207 **4장 케네디, 평화를 향한 리더십**
- 251 나가는말
- 255 연보
- 257 미국 대통령 시리즈 발간에 붙여
- 260 저자소개

출생과 성장 1장

출생과 성장

출생의 행운

잭 케네디(존 F. 케네디의 별칭)의 증조부 패트릭 케네디(Patrick Kennedy)는 1840년대 후반 아일랜드에 대기근[1]이 들자 미국으로 이주하여 정착하였다. 케네디 가문의 시작은 이렇게 가난과 굶주림 속에서 시작되었다. 대부분의 아일랜드 이주민들처럼 케네디 집안도 이민 초기에는 가난한 시절을 보내야 했다. 패트릭 케네디는 매사추세츠 주 보스턴의 동부지역에 정착하여 막노동으로 생계를 유지하다가 1858년 36세의 나이에 슬하에 1남 3녀와 아내를 남겨두고 콜레라로 세상을 떠났다. 잭 케네디의 조부 패트릭 조셉 케네디(Patrick Joseph Kennedy)는 부친이 세상을 뜨던 해에 태어났다. 피제이(패트릭 조셉 케네디의 별칭)는 모친과 누이들을 돕기 위하여 열네 살에 학업을 포기하고 보스턴 항구의 노동자로 사회에 첫발을 내

[1] 1846~1861년에 일어난 대기근을 일컫는데, 이 기근으로 인하여 약 200만 명의 아일랜드인이 조국을 등지고 미국 등 타국으로 이민을 떠났다. 케네디의 친가와 외가 모두 이때에 미국으로 건너 온 집안이다.

딛었다. 케네디 가문을 명문가의 반열에 올려놓는 발판을 마련한 사람은 바로 잭의 조부 피제이 케네디였다.

피제이는 10년가량 부둣가에서 힘겨운 노동으로 번 돈을 투자하여 보스턴의 헤이마켓 스퀘어라는 곳에서 주로 노동자들을 상대로 하는 술집을 운영하기 시작했다. 열심히 사업에 매진한 결과 얼마 지나지 않아 부둣가에 또 다른 술집을 오픈했고, 매버릭 하우스(Maverick House)라는 고급 호텔의 바를 인수함으로써 사업가로서 성공할 수 있는 터전을 마련하였다. 그가 이처럼 젊은 나이에 사업에 성공할 수 있었던 데에는 잘 생긴 외모와 성실성, 사람들을 끌어들이는 친화력을 겸비한 덕분이었다. 그는 서른 살이 되기도 전에 한 위스키 수입 업체를 인수하여 보스턴의 주류 판매 계통에서 주요 인물로 부상하였다.

피제이 케네디는 사업적 성공과 주위의 좋은 평판을 발판 삼아 보스턴 정계에 입문하였다. 1884년 26세의 나이에 민주당원으로서 임기 1년의 매사추세츠 주의회 하원에 당선되어 다섯 차례나 연임하였고, 계속하여 2년 임기의 주 상원 의원을 세 차례 연임하였다. 이러한 경력은 그가 보스턴 지역의 민주당 주요 인사로 자리매김하는 데 부족함이 없는 것이었으며, 1888년에는 세인트루이스에서 열린 민주당 대통령 후보 지명 전당대회에서 그로버 클리블랜드(Grover

Cleveland, 제22·24대 대통령 역임) 후보 지지연설을 하기 위한 연사로 초빙되기도 하였다.

피제이 케네디는 자신의 능력으로 보스턴 지역의 재계와 정계에 영향력을 쌓아가는 한편, 결혼을 통해서도 영향력 확대를 꾀하였다. 1887년 메리 오거스타 히키(Mary Augusta Hickey)를 아내로 맞이했는데, 그녀의 집안은 보스턴 브록턴 교외의 아일랜드계 부호였다. 메리의 부친은 성공한 사업가였고, 오빠는 하버드대학교 출신의 의사 겸 경찰 간부였다. 결혼을 통해서 기반을 더욱 공고히 다진 피제이 케네디는 1929년 세상을 떠날 무렵에는 한 석탄회사의 소유 지분과 컬럼비아 트러스트(Columbia Trust Company) 은행의 주식 상당량을 보유함으로써 후대에 케네디 가문이 성공할 수 있는 기반을 마련하였다.[2]

2) 잭 케네디의 조부 피제이 케네디(Patrick Joseph Kennedy)의 생애에 대한 좀 더 자세한 내용은 Collier, Peter, and David Horowitz, *The Kennedys: An American Drama*, New York: Summit Books, 1984, pp. 11~17 ; John H. Davis, *The Kennedys: Dynasty and Disaster, 1848-1983*, New York: McGraw-Hill, 1984, pp. 21~32 ; Doris Kearns Goodwin, *The Fitzgeralds and the Kennedys*, New York: Simon & Schuster, 1987, pp. 226~232 등을 참조할 것.

피제이 케네디의 노력 덕분에 그의 외아들인 조셉 패트릭 케네디(Joseph Patrick Kennedy)와 두 딸은 유복한 유년 시절을 보낼 수 있었다. 조셉 케네디는 1888년에 태어났다. 그는 부친의 부와 명성을 더욱 확대 재생산하는 데 탁월한 능력을 소유하고 있었다. 조셉 케네디는 이미 십대에 평범함을 넘어서겠다는 결심을 굳혔다. 자신의 불굴의 투지와 모친의 치맛바람이 어우러져 조섭은 지역에서 유력인사의 자제들만 다니는 사립 명문학교를 졸업하고, 하버드대학교에 진학하여 경영학과 경제학을 공부한 후 1912년 부친이 대주주로 있는 컬럼비아 트러스트 은행에 취직하였다. 그가 은행업을 택한 이유는 당시 미국 금융계의 실태를 면밀하게 관찰한 결과였다. 조셉은 장차 금융이 모든 기업들을 좌지우지하면서 국가 경제 전반에 걸쳐 막강한 영향력을 행사할 것이라고 판단했다. 따라서 부와 영향력을 동시에 거머쥐는 지름길은 금융업에 종사는 것이라고 결론지었던 것이다. 마침 부친의 소유나 다름없는, 규모는 작지만 금융업을 익히기에는 더 없이 좋은 은행이 있었고 조셉에게는 안성맞춤의 직장이었던 것이다.

조셉은 은행에 근무하면서 탁월한 실력을 발휘하였고 이를 지켜본 선배의 권유로 금융업의 요체를 파악할 수 있는 주정부의 은행 심사관 자리에 도전하여 성취하였다. 그 자리는 매사추세츠 주 전체를 돌면서 금융계의 실태를 파악할 수 있는 한편, 여러 은행가들에게 자신의 존재감을 각인시킬 수 있는 기회를 제공해 주었다. 이처럼 승승장구하고 있던 조셉에게 자신의 능력을 발휘할 절호의 기회가 찾아왔다. 보스턴 상업지구에 있던 한 은행이 컬럼비아 트러스트 은행을 인수·합병하려는 노력을 기울이고 있었다. 은행 심사관으로 근무하면서 금융 업무를 훤히 꿰뚫고 있는 조셉은 탁월한 실력과 수완을 발휘하여 상대 은행의 시도를 보기 좋게 막아냈다. 인수·합병을 막아낸 공로를 인정받아 조셉은 불과 스물다섯의 나이에 컬럼비아 트러스트 은행의 은행장이 되었고, 이 사실은 지방지와 중앙지 등에 화제 기사로 취급되면서 조셉은 큰 은행의 인수·합병을 막아낸 대단한 금융계의 총아로서 일약 유명 인사가 되었다. 지역의 조그마한 은행이 마치 엄청나게 큰 은행인 것처럼 부풀려졌고 조셉은 금융계의 숨은 실력자 대접을 받았다. 야심만만한 조셉에게 날개를 달아준 격이었다.[3]

3) 잭 케네디의 부친 조셉 패트릭 케네디(Joseph Patrick Kennedy)의 성공 스토리에 대한 내용은 D. Goodwin, *Fitzgeralds and Kennedys*, pp. 237~258 ; Michael O'Brien, *John F. Kennedy: A Biography*, New York: St. Martin's Press, 2005, pp. 19-23을 참조할 것.

조셉은 결혼에 있어서도 그의 부친 피제이 케네디와 마찬가지로 자신의 가문보다 더 부유하고 영향력 있는 가문을 선택하였다. 피츠제럴드(Fitzgerald) 가문의 딸인 로즈(Rose)가 바로 조셉의 아내였다. 피츠제럴드 가문도 로즈의 조부 때인 1850년대 중반에 아일랜드의 기근을 견디다 못해 보스턴으로 이민 온 집안이었으며, 부친인 존 F. 피츠제럴드(John F. Fitzgerald) 때에 비로소 거대한 부와 명성을 쌓았다는 점에서 케네디 집안과 유사한 점이 있었다. 그러나 잭에게는 외조부가 되는 존 F. 피츠제럴드는 잭의 조부인 피제이보다 훨씬 더 탁월한 능력과 수완을 발휘하여 거대한 부를 모았고 정치적으로도 보스턴의 시장을 역임하는 등 당시의 기준으로 보면 케네디 가문보다 한 단계 위에 있는 형편이었다. 존 F. 피츠제럴드는 딸인 로즈가 자신의 가문보다 처지는 케네디 가문의 조셉과 결혼하는 것을 달갑게 생각하지 않았으나, 로즈는 이미 조셉을 자신의 배우자로 낙점하였고 조셉도 로즈를 열렬히 사랑하였다.4)

4) 존 F. 피츠제럴드(John F. Fitzgerald)의 성공 스토리에 대한 내용은 D. Goodwin, *Fitzgeralds and Kennedys*, chaps, pp. 4-7을 참조할 것.

1914년 10월 조셉과 로즈는 혼례를 올리고 보스턴 동쪽 블루클라인에서 신혼생활을 시작했다. 이듬해 여름에 두 내외의 맏이이자 잭의 형인 조셉 패트릭 주니어(Joseph Patrick Jr.)가 태어났다. 그로부터 두 해가 채 지나지 않은 1917년 5월 29일 둘째 아들인 존 피츠제럴드 케네디(John Fitzgerald Kennedy)가 태어났고, 1932년 막내인 에드워드(Edward)까지 아홉 명의 자녀가 태어났다.5)

케네디 가문은 잭의 부친인 조셉의 노력과 야망 덕분에 비로소 명문의 반열에 올라서게 된다.

5) 로즈와 조셉의 결혼에 관한 자세한 내용은 Rose Fitzgerald Kennedy, *Times to Remember*, Garden City, N.Y.: Doubleday, 1974, chap. 6을 참조할 것.

조셉은 결혼 이후 더욱 분발하여 악착같이 돈을 벌어들였다. 1917년 9월 조셉은 은행장을 그만두고 매사추세츠 주 동부에 있는 포어 리버(Fore River) 조선소의 부사장으로 취임하여 불철주야 열심히 일한 덕분에 유능한 경영인으로 인정받기에 이르렀고 향후 더 좋은 기회를 포착할 수 있는 터전을 마련하였다. 이러한 이력을 발판으로 그는 1919년 여름에 보스턴에 있는 유명한 투자금융사인 헤이든 스톤 회사(Hayden, Stone and Company)의 증권 중개인 직책을 맡았다. 그가 증권사에 투신한 이유는 향후 10년 동안 부를 가장 빠르고 효율적으로 축적하는 길은 증권 시장을 통해서만이 가능하다고 보았기 때문이었다. 그는 증권 중개인으로 1만 달러 정도의 연봉을 받았으나 6년간 내부 정보를 적절히 활용하여 자금을 투자한 결과 약 200만 달러를 벌어들여 삼십대 초반에 백만장자의 반열에 올라선 것이었다. 1923년에 그는 헤이든 스톤을 사직하고 독립적으로 투자하여 다시 수백만 달러를 벌어들였다. 그는 대공황에도 아랑곳하지 않고 1933년에는 금주법이 폐지되자 주류업에 투자하여 또다시 엄청난 부를 축적하였다. 조셉은 이러한 부와 명성을 바탕으로 정치에도 발을 들여 놓아 1937년 12월 프랭클린 루즈벨트(Franklin Roosevelt) 대통령으로부터 런던주재 영국대사로 임명되기에 이른다.[6] 이처럼 조셉 케네디는 각고의 노력을 통하여 자신의 가문을 사회·경제적으로 명실상부한 명문가의 반열에 올려놓았던 것이다. 증조부, 조부, 부친 등 선조들의 비상한 노력 덕분에 9남매 중 둘째로 태어난 잭 케네디는 무엇 하나 부족함 없는 유복한 유년기와 청년시절을 보낼 수 있었다.

[6] O'Brien, *John F. Kennedy: A Biography*, pp. 19~22.

왼쪽: 보스턴 시장을 역임한 잭의 외조부 존 F. 피츠제럴드. 그는 피츠제럴드 집안을 보스턴의 정치 명문가의 반열에 올려놓았다 / 오른쪽: 잭의 부친 조셉 케네디. 25세에 찍은 사진. 케네디 집안을 부유한 명문가로 성장시킨 장본인

 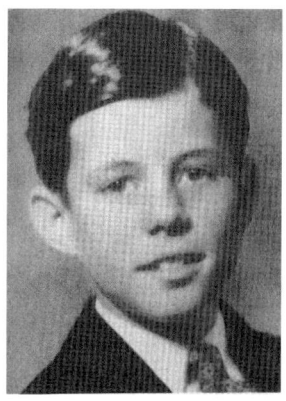

왼쪽: 로즈 케네디와 다섯 자녀들. 왼쪽부터 유니스, 캐슬린, 로즈마리, 잭, 조셉 주니어(1922년) / 오른쪽: 열 살 때 찍은 사진(1927년)

질병의 고통[7]

[7] 잭의 질병에 관한 사항은 비교적 최근까지 베일에 싸여 있었다. 그 이유는 케네디 가문이 가족들의 질병 등 집안의 우환을 절대적으로 비밀에 부쳐왔기 때문이기도 하지만, 수많은 케네디 연구자들이 크게 관심을 갖지 않았기 때문이기도 하다. 그러나 로버트 달락(Robert Dallek)은 최근 잭 케네디의 전기에서 새로운 자료들을 발굴·분석하여 잭의 병력과 치료 사항 등을 매우 소상하게 밝히고 있다. 필자는 이 부분을 집필하는 데 있어 달락의 저술에 크게 의존하였음을 밝혀둔다. Robert Dallek, *An Unfinished Life: John F. Kennedy, 1917-1963*, New York: Little, Brown and Company, 2003, pp. 69-108.

잭 케네디가 자신의 선택과 무관하게 부유한 명문가에서 태어나는 행운을 얻었다면, 어린 시절부터 평생 동안 자신의 육체를 괴롭히고 죽음의 공포라는 어두운 그림자를 드리운 질병을 갖게 된 것도 자신의 선택과 무관한 불행이었다. 그가 어린 시절에 앓았던 질병은 주로 기관지염·수두·풍진·홍역·볼거리·성홍열·백일해 등이었다. 그는 각종 질병으로 인하여 침대에 누워있는 시간이 많았고 그 시간에 독서의 즐거움을 알게 된 것이 소득이라면 소득이었다. 그의 이러한 독서열은 후일 그가 지적이고 사색적인 성품을 갖게 되는 데 일조했다. 모친 로즈의 기억에 따르면 잭은 "탁월한 재능, 재미난 액션, 다양한 개성이 있기만 하면" 모험담이나 전기류 혹은 역사책에도 푹 빠져들곤 하였다. 그는 『아서 왕과 원탁의 기사』를 수차례 반복해서 읽을 정도로 자신이 좋아하는 책에는 푹 빠져들곤 하였다.

잭은 어린 시절 겪었던 질병으로부터 어느 정도 회복되면서 그럭저럭 학교생활을 할 수 있었지만, 그의 건강상태는 항상 불안한 상황에 있었다. 그러던 중 잭은 17세 때인

1934년 6월 초트(Choate) 학교 3학년 때에 다시 신체에 이상을 느끼기 시작하면서 본격적으로 병마와 싸우는 투병생활이 시작되었다. 잭의 병명은 당시 정확히 드러나지 않았으나, 후일 해군복무 시절의 진료 기록을 토대로 파악한 바로는 '경련성 대장염'이었다.[8] 병명을 정확히 알지 못한 의료진은 연일 각종 검사와 약물투여로 잭에게 엄청난 고통을 부과했으나, 잭은 특유의 낙관적인 성격과 기지로 잘 견뎌내고 있었다. 1934년 6월 19일 잭은 자신의 절친한 친구인 빌링스(LeMoyne Billings)에게 보낸 편지에서 "나는 이제 항상 복통에 시달리고 있다. 여전히 완두콩과 옥수수로 연명하고 있으며, 관장을 했다" 잭은 병원에 12일은 더 있게 될 것이라고 예상하면서 그 때가 되면 "나는 완전히 녹초가 될 것이고……나의 내장들은 완전히 기능을 멈추어 버려서 내가 배변할 수 있는 유일한 방법은 병원 사람들에게 나를 위에서 아래로 혹은 아래에서 위로 확 불어버리라고 하는 수밖에 없다"라고 너스레를 떨었다.

그로부터 이틀 뒤 잭은 또 다시 빌링스에게 "엄청난 고통을 당하고 있다. 몸무게가 8파운드(약3.6킬로그램)나 줄었고 여전히 줄고 있다……나는 병원 사람들에게 이런 저런 것들을 보여주고 있으나, 아무도 내 몸의 무엇이 잘못되었는지 짐작조차 못하고 있다. 그들이 하는 것이라는 고작

[8] Box 11A, Personal Papers, at John F. Kennedy Library(이후 PP, JFKL로 약칭함).

매우 흥미로운 경우라는 말만 뇌까리고 있을 뿐이다" 이 때까지만 해도 잭은 자신의 병이 고통스럽기는 하지만 곧 나을 수 있을 것이라 믿고 있었던 것 같다. 그런데 엿새 뒤 보낸 편지에서는 자신의 병이 상당히 심각할 수도 있다는 견해를 피력하면서도 여전히 특유의 위트와 유머를 잊지 않았다. '빌어먹을! 장에 뭔가 이상이 생겼다. 말하자면 피똥을 싼다는 것이다. 정력은 점차 약화되고 몸뚱이는 빈껍데기만 있고 성기는 탈수기에서 나온 것처럼 쪼그라들어 있다. 3일에 관장을 18번이나 했다! 나는 먼지하나 없이 깨끗하다. 그들은 자신들이 모두 한 모금씩 마실 생수가 나올 때까지 나를 관장하고 있다. 어제는 내 인생에서 가장 당황스런 경험을 했다. 먼저 그들(금발 한 명 포함)은 나의 내장이 눈처럼 하얗게 될 때까지 다섯 번씩이나 관장을 해대더니 그 다음으로는 이발소 의자 같은 것에다 머리를 박고 무릎을 꿇리더니 내 바지를 벗기더구나! 그러더니 의자를 넘어뜨려서 간호사들이 빙 둘러선 가운데 의사가 그의 손가락을 나의 항문에 쑤셔 넣지 않겠냐. 난 그냥 얼굴이 확 빨개지더라고, 너도 그것이 어떤 것인지 알잖냐. 의사는 외설스럽게 손가락을 꼼지락거리더구나. 그래서 내가 '선생님의 동작이 기가 막히네요'라고 말했더니 다들 포복절도를 하더구나.……나의 꼴사나워진 직장이 요즈음 나를 매우 비난하듯이 바라보고 있다.······내가 여기 있는 이유는 그들이 나의 위장을 잘라내야 할지도 모른다는 것이다.'

소화기관을 철저히 조사한 결과 잭은 대장과 소화기능에 문제가 있는 것으로 드러났다. 바로 그것 때문에 잭의 몸무게가 늘지 않았고, 만일 결장에 궤양이나 출혈이 있게 되면 상황이 더 악화될 수도 있는 형편이었다. 그러나 증상의 정확한 원인과 치료가 적출된 것은 아니어서 잭은 치료에 애를 먹을 수밖에 없었다. 부유하고 영향력 있는 부친 조셉이 최신의 의료시설과 의료진을 동원했지만, 당시의 의료 기술과 지식으로는 잭의 병을 치료하는 데 분명한 한계가 있었다. 잭의 발병 후 10년이나 지난 후인 1944년 7월 보스턴에 있는 레이 병원(Lehey Clinic)의 사라 조던(Sara Jordan) 박사는 과거 그의 진료기록과 새롭게 작성된 진료 기록을 종합하여 잭의 증상은 '미만성 십이지장염과 중증 경련성 대장염'이며 심한 경우 생명을 위협할 수도 있다고 진단했다.

1934년 당시에는 잭의 질환을 치료할 적절한 방도가 없었다. 의료진이 권했던 최선의 방법은 알맞은 식이요법과 정서적 스트레스를 경감시키는 것이었다. 잭이 주로 치료를 받았던 미네소타 주 로체스터의 메이오 병원(Mayo Clinic)에서 1936년에 발행된 『회보』에는 대장염 치료법에 관한 기사가 실려 있는데, 이 기사로 미루어 판단해 보면, 잭이 받은 치료는 제한된 식이요법과 말에서 추출한 혈청의 피하 삽입 또는 주사였던 것으로 보인다. 잭이 처방 받은 부신 추출물은 당시에는 매우 값비싼 약으로서 보통 사람들에게는 그림의 떡이나 다름없었으나 케네디의 부친에게는 그만한 비용은 문제도 아니었다. 그런데 이 약이 대장염 치료에는 효과가 있었지만 다른 심각한 부작용을 초래한다는 사실을 당시의 의료진은 알지 못했다. 1930~1940년대 내과 의사들은 부신 추출물이 급성 궤양성 대장염의 치료에는 효과가 있지만 다른 한편으로 소화성 궤양과 척추 약화를 초래하는 등 장기간에 걸쳐 고질적인 해악이 있다는 사실을 인지하지 못했다. 1947년 잭은 평생 동안 고통스러워했던 애디슨병(Addison's disease)[9]을 앓고 있다는 진단을 받게 되는데, 이 병이 바로 부신 추출물의 복용에 의한 것일 가능성이 매우 높다는 것이다. 왜냐하면 이 약을 장기간 복용할 경우 부신의 정상 기능을 억제·저하하는 결과를 초래하여 애디슨병을 유발할 수 있기 때문이다. 잭은 애디슨병과 함께 고질적인 중증 경련성 대장염, 크론병(Crohn's disease, 부신·척추의 이상과 함께 장의 염증과 출혈이 나타나는 병) 등을 앓고 있었다.

1934년 이후에 잭은 거의 매년 끊임없이 병원을 들락거

[9] 애디슨병은 영국의 의사 T. 애디슨이 처음으로 기재한 만성 질환으로, 부신에 결핵, 매독, 종양 등이 전이(轉移)되어 파괴되거나, 원인 불명의 위축 등을 일으켜 부신에서 생산되는 부신피질 호르몬(강력한 소염작용과 면역억제 기능이 있는 당질 코르티코이드)이 부족해지는 질병이다. 증상으로는 피로, 무력증, 식욕저하, 체중감소, 구역질, 저혈압 등 심각한 장애를 유발한다.

리면서 학교생활을 해야 했다. 입원기간이 짧을 때도 있었지만 길게 입원한 적도 여러 차례 있었다. 1935년 4월에 잠깐 학교 양호실 신세를 진 것을 제외하면 초트학교 4학년 과정을 내내 건강하게 마칠 수 있었고 11월 초 프린스턴대학교의 가을 학기에 등록할 수 있었다. 그러나 잭은 프린스턴대학교에서 12월을 넘기지 못하고 보스턴에 있는 한 병원에 두 달 간 입원해야 했다. 담당 의료진은 잭의 병이 전적으로 대장염인지 아니면 대장염과 궤양이 뒤섞인 것인지 확신할 수 없었으므로 또 다시 이런 저런 여러 가지 검사를 실시했다. 잭은 빌링스에게 그것은 '지금까지 폭풍우에 휩싸여 살아온 내 인생에 가장 괴로운 경험'이었다고 토로했다.

1936년 1월 말경, 잭은 자신의 건강에 대해 그 어느 때보다도 염려스러워했다. 그러나 잭은 죽음의 공포를 잠재우기 위하여 더욱더 유머가 넘치는 편지를 썼다. '어제 내 진료 차트를 잠깐 봤는데 그들이 나를 관속에 집어넣으려고 치수를 재고 있다는 것을 알 수 있었다. 먹고 마시고 올리브(당시 잭의 여자 친구)를 네 여자로 만들어라. 어차피 너희들은 내일이나 다음 주에 내 장례식에 참석할 테니까. 내 생각에 록펠러 연구소가 내 병을 연구하지 않겠나 싶다.' 이처럼 농담을 하고 있었지만, 잭은 자신이 요절하고야 말 것이라는 두려움을 갖고 있었다. 이러한 두려움은 그에게 살아 있는 시간을 최대한 쾌락으로 채우려는 격정을 불러일으켰다. 빌링스에게 보낸 편지에서 잭은 온통 파티와 섹스 이야기만 늘어놓았다. 주말에는 어떤 여자와 화끈한 밤을 보냈다느니 다음에는 또 어떤 여자를 만나서 피티와 섹스를 즐길 것이라는 등 상당히 노골적인 표현을 동원해가면서 쾌락을 추구하는 모습을 드러내곤 했다. 잭이 자신의 성적 쾌락을 위해 동원한 젊은 여성들에 대하여 무관심하게 구는 데에는 반드시 요절에 대한 긴박감 때문만은 아니었다. 잭이 남성이 되었던 시대의 관행이기도 했다. 1930~1940년대의 기준으로 보면 잭의 '여자 사냥'은 부유한 가문 출신의 대학생들이 일반적으로 행하는 '젊어서 한 때 난봉'으로 용인될 수 있는 것이었다. 더구나 잭은 삶이 얼마 남지 않았을지도 모른다는 공포심으로 자신의 무분별한 행위를 합리화할 수 있는 구실을 삼기에 충분했다.

1936년 봄부터 1937년 말까지 잭은 비교적 건강한 나날을 보냈다. 그동안 잭은 프린스턴대학교를 그만두고 1936년 가을에 하버드대학교에 입학하여 1학년을 성공적으로 보낼 수 있었다. 그러나 1938년 초부터 1940년 말까지 잭은 또 다시 위와 결장의 이상으로 고통에 시달렸다. 이 기간 동안 수시로 입원치료와 약물투여를 하면서 병을 다스리려고 노력하였으나 모든 노력은 수포로 돌아가고 잭은 여전히 복통과 결장의 경련, 부실한 몸무게 등에서 헤어나지 못하고 있었다. 부신 추출물이 대장염에는 약간의 효과가 있었을 수도 있지만 위장의 상태를 악화시키고 십이장 궤양을 초래한 것이다.

1943년 11월 '엑스선 검진 결과 십이지장 궤양 초기 증세가 발견되었다'는 보고가 나온 뒤에야 기존 처방 약제의 부작용으로 새로운 이상이 나타났다는 진단이 내려진 것이다. 오늘날의 의학 지식에 따르면, 해당 추출물이 십이지장에 이상을 초래한 가장 중요한 요인이었음을 알 수 있다. 1944년 무렵에 한 위장 질환 전문의는 잭이 여전히 결장 경련에 시달리고 있다는 결론을 내렸다. 더욱이 십이지장 궤양의 상처를 유발하는 십이지장 또는 소장 경련과 과민반응의 징후가 역력했다. 이러한 악조건 속에서도 잭은 자신의 신체 이상에 대해서 공공연하게 시인한 적이 없으며 친한 지인들에게까지도 자기 연민을 드러낸 적이 결코 없다. 이러한 특징은 잭의 강인함과 자제력의 일면을 보여주는 사례라고 할 수 있을 것이다.

1940년이 되면 잭은 소화 장기의 이상에 더하여 허리에 심각한 통증을 느끼기 시작했다. 그야말로 설상가상이었다. 대장염 치료를 위해 투여된 부신 추출물이나 부갑상선

호르몬 등의 약물이 골다공증과 척추 아랫부분을 약화시켜 통증을 유발한 것으로 보인다. 왜냐하면 잭의 상태는 1944년 척추 수술을 받았을 때 분명히 증명되었다. 당시 담당 의료진은 수술 과정에서 '추간판 틈새에서 비정상적으로 무른 물질을 일부 제거했으며……현재 파열된 연골의 돌출 부위가 아주 미미하게 남아 있다'는 진료기록을 남긴 것으로 보아 수년 동안 대장염 치료를 위해 투여된 약물들이 소화기관의 장애뿐만 아니라 허리에 심각한 약화를 유발하였던 것이다. 수술 후에도 척추 손상이 완치된 것이 아니라 진행성으로 남아 있었기 때문에 잭은 평생 동안 고통 속에서 살아야 했다.

가족의 불행

잭의 집안은 부친의 남다른 능력 덕분에 엄청난 재산을 소유하고 있었고 모든 면에서 남부럽지 않은 가정을 이루고 있었지만 남모르게 불운한 상황에 처해 있기도 하였다. 케네디가의 첫 번째 불운은 잭의 바로 아래 여동생 로즈메리(Rosemary)의 장애였다. 잭이 태어난 후 한 해 뒤인 1918년에 태어난 로즈메리는 정확한 원인은 알 수 없지만 어릴 때부터 발육상태가 비정상적이었다. 그녀는 다섯 살이 되었는데도 혼자서 먹지도 못했고 옷도 제대로 입지 못했다. 언어 능력도 또래의 아이들보다 현저하게 떨어지고 신체적 능력도 매우 뒤처졌다. 그러나 잭의 부모는 로즈메리를 장애관련 시설에 보내지 않기로 결정했다. 당시에는 그런 수용 시설에는 대개 정신박약아들만 가는 곳이라는 관념이 있었기 때문에 그들은 로즈메리를 특별 여성 가정교사와 개인 교습 교사를 채용하여 집에서 양육하기로 하였던 것이다.

잭의 모친인 로즈는 로즈메리에게는 항상 특별한 애정과 관심을 가졌다. 로즈메리의 바로 아래 여동생인 유니스(Eunice)는 모친이 다른 자녀들과는 결코 테니스를 친 적이 없었지만 로즈메리와는 몇 시간씩 테니스를 쳤다고 회상했다. 로즈가 후에 인정하였듯이 로즈메리의 장애로 인하여 로즈는 대부분의 시간을 로즈메리와 보내야만 했으므로 다른 자녀들에게는 그들이 원하는 만큼 함께 있어주지 못했다. 특히 유년시절부터 항상 병치레가 잦았던 잭도 어머니의 관심과 사랑이 몹시 필요했지만, 로즈는 잭이 만족할 만큼 관심과 사랑을 베풀지 않았다. 따라서 소외되어 있다는 불만에 속에서 잭은 모친의 관심과 사랑이 항상 부족하다고 느꼈다.[10]

10) D. Goodwin, *Fitzgeralds and Kennedys*, pp. 356~357.

가족들의 극진한 관심과 보살핌에도 불구하고 로즈메리의 상태는 크게 호전되지 않았다. 케네디가의 형제들은 로즈메리에게 더 많은 사랑과 우애를 베풀었고 잭도 다른 형제들과 마찬가지로 로즈메리에게 항상 너그럽게 대했고 그녀를 도우려고 노력했음에도 불구하고 로즈메리의 상태는 점점 악화되었다. 나이가 들면서 점차 공격적이고 성적인 충동을 드러내기 일쑤였다. 모친 로즈는 딸이 성적인 봉변을 당하거나 혹은 유괴당하지 않을까 안절부절 못했다. 부친 조셉은 대책을 강구하는 과정에서 뇌엽절리술[11]이 로즈메리의 증상을 완화내지는 완치시킬 수 있다고 확신하였다. 그는 이 수술이야말로 점점 난폭해지고 사나워지는 로즈메리를 치료하여 평생 동안 가족의 품에서 함께 지낼 수 있도록 해줄 것이라고 기대했다. 1941년 가을에 조셉은 부인인 로즈와 상의 없이 수술을 단행하였으나, 결과는 기대와 달리 최악이었다. 로즈메리는 전보다 더 심각한 증세를 보이기 시작했다. 조셉과 로즈는 로즈메리를 요양원에 보낼 수밖에 없는 상황임을 인정해야 했다. 로즈메리는 위스콘신 주의 성 콜레타(St. Coletta) 수녀원으로 보내졌고, 2005년 사망할 때까지 나머지 생애를 그곳에서 보냈다.[12]

로즈메리에 관한 케네디 집안의 공식 입장은 최대한 언

---

[11] 1935년 포르투갈 리스본대학 병원의 모니츠(Egas Monz) 박사가 최초로 시행할 목적으다. 정신질환을 치료할 목적으로 뇌의 일부분을 절단하는 수술인데, 미국에서는 1941년에 조지워싱턴대학 병원에서 최초로 전두엽을 절제하여 성공했다고 보고했다. 당시의 의학 지식으로는 흥분과 불안 등 로즈메리의 정서적 동요를 완화하고 비교적 평온한 생활을 보장할 수 있는 최선의 방편으로 평가되었다.

급을 회피하거나 자제하는 것이었다. 사실 로즈메 리의 수술 사실을 아는 사람은 거의 없었다. 케네 디가의 친척들이나 친구들은 로즈메리가 갑자기 수용시설 들어간 사실을 의아하게 여겼다. 그러나 케네디 가의 사람들은 아무도 진실을 이야기하지 않았다. 그 이유는 집안의 아픔이나 약점을 남에게 내보이지 않으려는 굳은 결의가 가족들 사이에 형성되어 있었기 때문이었다. 굳이 자신들의 흠을 드러내어 호사가들의 험담 대상이 되고 싶지 않았던 것이다. 수용소에 들어간 이후에 로즈메리의 상태가 어떠하며 어떻게 지내고 있는지 관한 정보는 철저하게 통제되었고 사실을 아는 사람은 가족들을 제외하고는 없었다. 케네디 가문이 로즈메리의 발달장애와 수용시설 입소 사실을 공식적으로 시인한 것은 1960년 잭 케네디의 대통령 유세 때의 일이었다. 이때에도 케네디가의 가족들은 로즈메리의 전두엽 수술 사실은 전혀 언급하지 않았다. 로즈메리의 수술 이후 40년이 지난 1981년에 로즈는 도리스 굿윈(Doris K. Goodwin)이라는 전기 작가와 행한 인터뷰에서 그때의 정황을 털어놓았다. 굿윈은 로즈의 진술을 다음과 같이 요약했다.

12) D. Goodwin, *Fitzgeralds and Kennedys*, pp. 641~642 ; Hamilton Nigel, *J.F.K.: Reckless Youth*, New York Random House, 1992, pp. 411~412.

> 수술이 매우 심각하게 잘못되었다는 것을 안 이후에

조셉은 로즈메리를 콜레타 수녀원으로 보냈고 로즈에게 딸을 멀리 보내야만 할 시간이 되었다고 설명했다. 조셉은 또 로즈메리가 수용시설에 잘 적응하도록 로즈가 그녀를 만나지 않는 것이 중요하다고 강조했다. 그런데 이상한 것은 로즈가 그것에 이의를 제기하지 않았다는 것이다. 로즈가 전두엽 수술에 관한 진실을 털어놓은 것은 수년 후의 일이었다.

로즈는 또 굿윈에게 '나는 조셉이 로즈메리에게 그런 끔찍한 수술을 시킨 것에 대하여 결코 용서할 수 없을 것입니다'라고 말한 것으로 미루어 볼 때 로즈는 조셉이 자신과 상의했더라면 결코 수술에 동의하지 않았을 것임을 시사하고 있다.[13]

13) D. Goodwin, "The Fitzgeralds and the Kennedys: Reflections of a Biographer," *Prologue 22*, Summer 1990, p. 122, 124 ; D. Goodwin, *Fitzgeralds and Kennedys*, p. 644.

어쨌든 로즈메리는 수술로 인하여 케네디가의 사람들에게 더 큰 고통과 아픔의 대상이 되었다. 그러나 잭에게 누이 로즈메리의 장애는 집안의 우환과 아픔을 입에 올리지 않아야 한다는 교훈을 가르쳐 주기도 하였다. 이러한 현상은 케네디가의 불문율이 되어 개인의 아픔까지도 의연하게 견뎌야 한다는 가르침으로 이어졌던 것이다. 케네디가 평생 온갖 질병과 육신의 고통에 시달리면서도 꿋꿋이 버틸 수 있었던 것도 이러한 집안의 내력이 있었기 때문에 가능했을 것이다.

케네디가의 또 다른 비극은 잭의 형이자 장남인 조셉 주니어의 죽음이었다. 조셉 주니어는 1915년에 태어났으므로 잭보다 두 살 위였고, 집안의 기대를 한 몸에 받으면서 성장하였다. 잭과 달리 조셉 주니어는 매우 건강했고, 학업 성적도 뛰어 났을 뿐만 아니라 운동, 리더십 등 모든 면에서 발군의 실력을 발휘하였다. 부친 조셉은 일찍부터 장남인 조셉 주니어가 케네디 가문을 대표하여 미국의 대통령이 될 것이라고 기대했다. 조셉 주니어 본인도 농담 반 진담 반으로 자신은 장차 미국의 대통령이 될 것이라고 말하곤 했다. 그러나 조셉 주니어는 제2차 세계대전에 참전했다가 전사함으로써 케네디 가문에 또 하나의 비극을 안겨주었다.

조셉 주니어의 활약상을 살펴보면 그의 죽음이 케네디 가문에게 얼마나 심각한 상실감을 안겨주었는지 짐작할 수 있다. 조셉 주니어는 초중고 시절에도 두각을 나타냈지만, 전국의 영재들이 모였다는 하버드대학교 시절에도 항상 선두 주자였다. 그는 하버드 풋볼팀의 뛰어난 선수였고, 럭비팀에서도 활약했으며 신입생 위원회의 위원장으로 활동했고, 학생회에서 3년간 평의원을 지냈다. 1938년 하버드대학교를 졸업한 후에 조셉 주니어는 유럽을 여행하면서 견문을 넓혔고, 1939년 여름에는 잠시 런던주재 미국대사관에서 대사였던 부친의 비서로 일한 후에 1940년에 하버드대학교 법학대학원에 진학하였다. 그는 한마디로 전도가 양양한 명문가의 후예였던 것이다. 더구나 그는 미남이었고 상냥하고 매력적인 성격의 소유자였으며 연설에 있어서도 뛰어난 재능을 가진 타고난 정치적 소양을 지닌 젊은이였다.

조셉 주니어는 그의 부친과 마찬가지로 미국이 제2차 세계대전에 직접 참전해서는 안 된다는 고립주의적인 견해를 갖고 있었다. 그는 하버드대학교 법학대학원에서 캠퍼스내의 불개입주의 활동을 조직했고, 보스턴 지역을 돌면서 미국은 중립을 지켜야 한다고 연설하고 다녔다. 그러나 일본의 진주만 공격 이후에 미국이 참전을 결정하자 그는 불개입주의적 입장을 유보하고 미국의 승리를 위해 해군 항공대에 자원입대하였다. 그가 자원입대를 결심하게 된 데에는 부친의 권유도 한몫하였다. 조셉은 큰아들이 장차 정계에 입문하여 케네디 가문을 빛낼 재목으로 굳게 확신하고 있었다. 따라서 고립주의라는 자신의 정치적 신념과 관계없이 국가적 재난인 전쟁을 맞이하여 미국의 모든 건강한 젊은이들이 참여해야할 군대에 복무하지 않는 행위는 케네디 가문처럼 부유하고 영향력 있는 집안의 자녀에게는 이유여하를 불문하고 비난의 대상이 될 수 있으며 향후 정계 진출에 커다란 장애가 될 것이라고 조셉은 생각하였다. 조셉 주니어도 부친의 권유에 흔쾌히 동의했고 미 해군 항공

단 조종사로 자원입대하게 된 것이다.

전쟁이 막바지에 이르고 있었던 1944년 여름 조셉 주니어는 영국해협에서 대잠수함 초계비행을 하고 있었다. 그는 30차례의 임무 수행을 마친 상황이었기 때문에 귀국할 자격을 갖추었으나, 연합군의 D-day(1944년 6월 6일) 때까지 남아서 연합군의 상륙작전에 혹시 있을지도 모를 독일의 U-보트 공격에 대처하겠다고 고집을 부렸다. 그런데 연합군의 상륙작전에 성공적인 공중엄호를 제공 한 후에도 조셉 주니어는 귀국하려고 하지 않았다. 그가 귀국을 한사코 미루면서 계속 작전에 참여하려고 했던 이유에 대하여 케네디 연구가들은 동생인 잭이 남태평양에서 영웅적인 행동으로 무공훈장을 받았을 뿐만 아니라 미국 전역을 떠들썩하게 할 정도로 유명해졌기 때문에 자신도 그에 못지않은 무공을 세우고 싶은 경쟁심이 크게 작용했다고 분석했다.14) 그는 동생 잭에게 보낸 8월 10일자 편지에서 '『뉴요커』에 실린 너에 관한 기사를 읽었다. 아주 훌륭하더구나. 그런데 구축함이 시야에 들어왔을 때 도대체 너는 어디에 있었으며 정확히 무슨 조치를 취했고 또 레이더는 도대체 어디에 있었는지 몹시 궁금하구나'라고 빈정대듯이 썼다. 즉 적의 공격에 속수무책으로 당해놓고 바다에 빠진 부하들을 구출했다는 명분으로 훈장

14) Dallek, *An Unfinished Life: John F. Kennedy, 1917~1963*, pp. 106~107 ; O'Brien, *John F. Kennedy: A Biography*, pp. 174~175.

을 받은 것에 대하여 불편한 심기를 드러내고 있었던 것이다. 그는 또 잭에게 자신도 훈장을 받게 될 것임을 은근히 시사하고 있었다. '나도 운이 따른다면 유럽종군기장을 달고 귀국할 수 있을 것이다'라고 썼다.[15]

15) 조셉 주니어가 잭에게 보낸 편지 (1944년 8월 10일), Box 4A, PP, JFKL.

그러나 조셉 주니어는 잭처럼 무공훈장을 달고 귀국할 만큼 운이 따르지 않았다. 그는 잭을 능가하는 무공을 세울 심산으로 그랬는지는 모르지만, 매우 위험한 임무를 자원하고 나섰다. 해군 리버레이터 폭격기에 약 10톤의 TNT를 적재하고 영국에서부터 벨기에 해안의 독일군 V-폭탄 기지가 있는 수마일 근처까지 비행한 다음 나머지 임무는 원격 조종에 맡긴 채 비행기에서 낙하산으로 탈출한다는 임무였다. 정확히 1944년 8월 12일 오후 6시에 임무를 위해 이륙하였으나 그의 비행기는 목표지점에 가지도 못한 채 이륙 후 12분 만에 공중폭발하고 말았다. 조셉 주니어와 그의 부조종사는 흔적도 없이 산화하였다.

조셉 주니어의 죽음은 그의 가족 전체에게 끔직한 상실감과 슬픔을 맛보게 했으며 잭에게는 항상 함께 했던 가장 절친한 친구이자 경쟁자이며, 집안의 대들보인 형이 갑자기 사라져버렸기 때문에 집안의 모든 책임을 혼자 떠맡아야 한다는 책임감과 외로움까지 더해졌다. 잭은 자신과 가족들의 슬픔을 달래고 조셉 주니어를 기념하기 위하여 그에 관한 추억을 모아 책을 내기로 결심했다. 잭은 여러 달 동안 노력한 끝에 1945년 5월 『우리가 추억하는 조』라는 책을 출판하였다. 잭은 책에서 형은 형제자매들에게 훌륭한 본보기였다고 추억하면서, '만일 케네디가의 형제자매들이 현재 제구실을 하거나 앞으로 훌륭한 일을 하게 된다면 그것은 다른 어떤 요소보다도 잭의 행동과 지속적인 본보기 덕분이다'라고 말했다. 잭은 조셉 주니어가 자신에게 끼쳤던 영향을 다음과 같이 회상했다.[16]

[16] John F. Kennedy, *As We Remember Joe*, Cambridge, Mass.: University Press, 1945, pp. 3-5.

> 대학에서 나는 그저 보통의 성적을 유지했으나 『영국이 잠자고 있었던 이유』(이 책은 잭이 하버드 대학 졸업 논문으로 제출한 것을 후에 책으로 출판한 것임-역자주)라는 첫 저술을 집필했다. 내가 잘 해야 한다는 압박감이 없었더라면 쓰지 않았을 그 책은 내가 가진 잠재능력을 발휘한 것이다.……만일 조셉의 영향이 무엇이었냐고 묻는다면 나는 최선을 다하라는 압박감이었다고 말할 것이다. 조셉 주니어와 내가 세운 본보기는 바비(동생 로버트 케네디를 지칭함-역자주)에게도 최선을 다하도록 압력을 가했다.

이처럼 자신에게 뚜렷한 영향을 끼친 형의 죽음은 잭에게 아물기 힘든 상흔과 더불어 맏이로써의 책임감도 남겨졌다. 잭은 친구 빌링스에게 쓴 편지에서 형과의 경쟁이 자신의 정체성을 뚜렷이 세우는 길이었을 뿐만 아니라 모든 집안의 기대가 형에게 걸려 있었기 때문에 형이 자신에게는 보호막이었으나 이제 그가 사라진 마당에 보호막이 없어졌음은 물론이요 부모 형제들에 대한 무한한 책임감을 느낀다고 토로하였다.17)

17) D. Goodwin, *Fitzgeralds and Kennedys*, pp. 698-699.

전쟁은 케네디 가문에게 또 다른 불행을 안겨주었다. 그것은 바로 케네디가의 둘째 딸 캐슬린(Kathleen)의 영국인 남편이자 케네디 집안의 사위인 윌리엄(William Hartington)의 전사였다. 조셉 주니어가 전사한지 겨우 한 달 만에 일어난 사건이었다. 캐슬린은 둘째 딸이었지만 장녀인 로즈메리가 장애였기 때문에 사실상 케네디 집안의 맏딸이나 마찬가지였다. 그녀의 결혼은 종교적인 신념 문제로 처음부터 순조롭지 못했다. 가톨릭교도 집안 출신인 그녀가 영국 국교도 출신의 남자와 결혼하기 위해서는 집안 간의 반대와 편견을 극복해야 했다. 이러한 난관을 극복하고 전쟁 중인 1944년 5월 어렵게 결혼하였으나 4개월 후에 남편이 전사하였던 것이다. 전쟁의 상처로 인한 케네디 집안의 슬픔은 이루 말로 다 표현할 수 없을 정도로 컸다.

그러나 전쟁의 상처가 큰 만큼 그것을 극복하려는 케네디 집안사람들의 의지도 강했다. 그들은 부유하지만 나약

하지 말아야 하며 경제적 부와 사회적 명성을 유지하기 위해서는 그에 걸맞는 사회적 의무도 다해야 함을 잘 알고 있었다. 전쟁으로 인한 상실은 다른 미국인들처럼 국가에 대한 의무를 다하는 과정에서 불가피하게 생긴 결과였음을 인정하고 조속히 상처를 딛고 일어서는 것이 케네디 가문 사람다운 행동이라고 그들은 생각했다. 남편을 잃은 캐슬린은 한 친구에게 쓴 편지에서 케네디 가문의 사람들은 고통에 굴복하지 않고 곧바로 일어설 것이라고 결의를 다졌다.[18]

잭도 캐슬린처럼 집안의 불행으로부터 빠르게 회복하였다. 그런데 잭에게 제2차 세계대전은 집안에 불행과 아픔을 안겨준 것 이상의 의미가 있었다. 전쟁은 그가 세상을 보는 방식, 즉 그의 세계관을 형성하는 데 중요한 역할을 하였다. 제1차 세계대전이 끝날 무렵인 1917년에 태어난 잭은 전쟁을 경험하지 않은 채 성장했다. 그에게 전쟁은 관념적인 것이었고, 약간은 낭만적이면서 평화를 얻기 위해서는 때때로 전쟁도 할 수 있다고 생각했다. 이러한 그의 생각은 전쟁을 직접 겪지 않은 세대가 갖기 쉬운 관념이었고 인류 역사상 대규모 전쟁이 몇 십 년 간격으로 종종 일어나는 주요 원인이기도 하였다. 그러나 제2차 세계대전에 직접 참전하여 죽을 고비를 넘기면서 숱한 죽음과 고통을 직접 목격한 잭은 이제 전쟁은 낭만적이거나 평화

18) 캐슬린이 빌링스에게 보낸 편지 (1944년 11월 29일), Box 4A, PP, JFKL.

를 위한 도구가 될 수 없음을 절실히 깨닫게 되었다. 즉 그는 전쟁이 가져다 준 인간의 고통과 비극을 경험하면서 전쟁은 어떠한 명분으로도 정당화 될 수 없다는 값진 교훈을 얻었다. 그는 전쟁이 끝난 후 '인간의 비극을 깨달음으로써 자기기만과 값싼 위로에 빠져들지 않는 더욱 강인한 정신을 갖게 되었다'고 회고했다.[19]

19) Theodore C. Sorensen, *Kennedy*, New York: Bantam Books, 1966, p. 14.

잭은 전쟁에서 살아남은 자신이 장차 무엇을 해야 할 것인지에 관하여 고민하기 시작했다. 만일 형인 조셉 주니어가 전쟁에서 죽지 않고 예정대로 정치 방면에 진출하였다면 잭은 언론이나 법률 방면으로 진출할 생각이었다. 잭은 집안에 정치가는 한 명이면 족하다고 생각하고 있었지만 형이 전사하고 나자, 부친 조셉은 이제 잭이 집안의 명망을 이어가기를 희망하고 있었다. 잭이 자신의 진로를 자신의 의지대로 정할 수 없는 상황에 처하게 된 것이다. 그가 자신의 장래 직업을 선출직 공직, 즉 정치가로 정한 데에는 이러한 내력이 있었다. 즉 잭은 형의 죽음으로 부친의 희망을 자신이 대신 이루어야 한다는 의무감이 상당히 작용하고 있었던 것이다. 그러나 그가 정치를 자신의 평생의 직업으로 선택한 데에는 그보다 더 근본적인 이유가 있었다. 그가 보기에 다른 어느 직업보다도 정치야말로 전쟁, 질병, 굶주림 등 인간의 오랜 고통을 줄이거나 없애는 데 가장 많이 공헌할 수 있는 분야였다. 자신의 겪었던 비참한 전쟁 경험과 그 전쟁이 그 자신과 가족에게 부과한 시련과 고통을 이겨내는 과정에서 나름대로 깊은 성찰과 사고 끝에 잭은 정치가 세상을 좀 더 평화로운 상태로 만드는데 가장 직접적인 역할을 할 수 있다고 생각하였다. 부유한 가문의 철딱서니 없는 젊은이에서 책임감 있는 어른으로 성숙해 가는 과정은 이처럼 자신에게 부과된 건강상의 고통, 전쟁으로 인한 가족의 상실과 자신이 넘은 죽을 고비, 엄청난 인명피해와 파괴를 불러온 세계대전이라는 전쟁의 참화 등 당시 한 개인으로는 피할 수 없는 시련을 통해서 이루어졌다.

잭이 열네 살 때 찍은 가족사진. 뒷줄 왼쪽부터 잭, 부친 조셉, 모친 로즈, 형 조셉 주니어, 앞줄 왼쪽부터 로버트와 잭의 여동생들. 막내 에드워드는 아직 태어나지 않았다 (1931년)

1938년 부친 조셉이 프랭클린 루스벨트 대통령 행정부의 주영 미국대사로 임명되어 영국으로 향하는 배에서 찍은 사진. 왼쪽부터 조셉 주니어, 조셉, 잭

신문기자 케네디

곧바로 정치를 시작하기에는 그의 나이가 너무 젊었고, 건강도 여의치 않은 상황이었다. 1945년 4월 잭은 부친 조셉의 권유로 부친의 친구인 허스트(William Randolph Hearst)가 운영하는 허스트 신문사의 객원 기자로 잠시 일하게 된다. 조셉이 잭에게 기자 일을 권유한 데에는 잭을 정치가로 키우기 위한 나름의 계산이 깔려 있었다. 조셉은 기자라는

직업은 대중들에게 자신의 이름을 지속적으로 알릴 수 있는 기회를 갖게 할 뿐만 아니라 유럽 등 세계 여러 나라를 취재하면서 장차 정치가로 진출하는 데 유용한 경험을 쌓을 수 있다는 생각을 하였던 것이다. 잭도 이러한 부친의 권유를 받아들여 당분간 기자가 되기로 하였던 것이다.

기자로서 잭에게 부여된 첫 번째 임무는 1945년 5월 샌프란시스코에서 열렸던 국제회의를 취재하는 것이었다. 이 회의는 유엔이라는 국제기구를 창설하기 위하여 미국을 위시한 세계의 지도자들이 모여 열띤 논의와 토론을 벌이는 행사였다. 이 회의에 관한 잭의 주요 관심사는 새로 창설될 유엔이 전쟁을 방지할 수 있는 현실적인 수단과 방책을 가질 수 없다는 것에 깊은 우려를 나타냈다. 1945는 5월 23일에 쓴 그의 기사는 이 점을 분명히 표현하고 있다.

간단히 말해서 5개 상임이사국이 동의하지 않는다면 새로운 세계기구(유엔 – 역자주)는 전쟁을 막기 위해서 아무것도 할 수 없다는 것이다. 다시 말하면, 상임이사국 중 어느 국가라도 침략자에게 가해질 외교적 경제적 혹은 군사적 압력을 무력화시킬 수 있다는 것이다. 사실 상임이사국들은 심지어 이미 자행된 침략에 대해서 조사조차도 못하게 할 수 있다.

예를 한 번 들어보자. 가령 유고슬라비아가 그리스의

일부분을 점령했다고 하자. 그리스인들은 세계기구에 항의하면서 유고슬라비아를 멈출 수 있는 조치를 요구할 것이다.

안전보장이사회에서 어떤 조치가 취해지기 전에 상임이사국들 모두가 그 조치에 동의해야만 한다. 그러나 만약 러시아가 유고슬라비아에게 동정적이라면 러시아는 취해질 조치를 비토하거나 심지어는 조사행위까지 비토함으로써 세계기구가 그리스에 주려고 하는 어떠한 도움도 완벽하게 방해할 수 있다.

이처럼 상임이사국들은 침략 국가를 돕기 위하여 효율적으로 비토권을 행사할 수 있다. 세계기구의 이러한 치명적인 약점 때문에 약소국들은 침략에 대비하여 주변국들과 조약을 맺으려고 할 것은 거의 의심할 여지가 없다.

잭은 샌프란시스코 회의를 취재하면서 국제기구를 세우기 위하여 모인 대표들에게 깊은 실망감과 분노를 표출하였다. 그 회의는 도덕적 힘을 상실한 채 이기심에 휘둘리고 있다고 지적한 뒤 전장에서는 고귀한 희생이 뒤따르고 있는데 샌프란시스코에 모인 국가들은 이기심과 비열함을 서슴없이 드러내고 있다고 비난하였다.[20]

잭의 짧은 기자 생활(1945년 5월부터 8월까지 3개월)은 그의 28년 동안의 생애에서 매우 특별한 경험이었다. 그는 처칠 등을 비롯한

[20] James M. Burns, *John F. Kennedy: A Political Profile*, New York: Harcourt Brace, 1959, pp. 55~56 ; Arthur M. Schlesinger, Jr., *A Thousand Days: John F. Kennedy in the White House*, New York: Houghton Mifflin Company, 1965, 2002, first Mariner Books edition, pp. 88~89.

당대의 저명한 세계적 지도자들을 지근거리에서 관찰할 수 있었고, 많은 영향력 있는 정치가들과 세계정세에 관하여 토론할 수 있는 기회를 가졌다. 물론 이러한 특별한 경험은 그가 부유하고 영향력 있는 배경을 가진 케네디 가문 출신의 기자였기 때문에 가능한 일이었다. 특히 잭은 미국의 고위 관리나 유명 인사들과도 접촉할 기회를 가질 수 있었다. 1945년 8월 1일 잭은 부친의 소개로 미국 해군부 장관 포레스털(James Forrestal)을 면담했고 장관 일행과 함께 독일을 여행하는 도중에 장관의 소개로 연합군 사령관인 아이젠하워(Dwight Eisenhower) 장군을 면담했다. 잭은 아이젠하워에 대하여 상당히 깊은 인상을 받았다. 그는 아이젠하워가 매우 훌륭한 인품과 강한 자기 확신, 상황에 대한 정확한 판단 등 지도자로서 갖추어야 할 덕목을 두루 갖추고 있다고 평가하였다. 잭은 언론분야에 상당한 매력을 느꼈으나 가끔 좌절감을 느끼기도 하였다. 그가 보기에 보도라는 행위는 수동적인 것이었다. 왜냐하면 언론은 '중요한 일들을 하는 대신에 중요한 일을 하는 사람들에 대하여 보고하는 것인데……나는 실제로 중요한 일을 하는 인물이 되고 싶다'고 토로했다.21) 잭이 자신의 평생의 직업으로 정치를 택하기로 한 것이다.

21) Hamilton, *J.F.K.: Reckless Youth*, pp. 718-721 ; Deirdre Henderson, ed., *Prelude to Leadership: The European Diary of John F. Kennedy. Summer 1945*, Washington, D.C.: Regnery Publishing, 1995, p. 15, 71, 104 ; Kenneth W. Thompson, ed., *The Kennedy Presidency*, Lanham, MD.: University Press of America, 1985, p. 3.

인생의 좌표를 정하다 2장

인생의 좌표를 정하다

정치에 입문

잭이 정치에 입문하게 된 데에는 앞에서 잠시 밝힌바와 같이 부친 조셉의 역할이 절대적이었다. 조셉은 처음부터 아들들의 장래 직업에서 사업은 고려하지 않았다. 왜냐하면 돈은 이미 자신이 차고 넘칠 만큼 많이 벌었을 뿐만 아니라 사업이라는 직업은 만족보다는 실망과 좌절의 순간이 더 크므로 자식들이 그런 고통을 감내하면서 자신이 벌어 놓은 재산 위에 더 많은 돈을 보탠다는 것은 별로 의미가 없다고 생각했기 때문이다. 즉 조셉은 자신이 모아 놓은 재산은 이미 자식들이 쓰고 남을 만큼 풍족하므로 그들은 다른, 좀 더 생산적인 직업에 종사하기를 바랐다. 그것은 정치였다. 정치라면 케네디 가문에게 그리 낯선 직업도 아니었다. 이미 조셉의 부친과 장인은 보스턴 지역에서 상당히 명망 있는 정치가 반열에 들었던 사람들이었다. 조셉의 부친은 1884년부터 1년 임기의 매사추세츠 주의회 하원 의원에 내리 다섯 차례나 당선되었고, 뒤이어 2년 임기의 주 상원 의원에 세 차례나 당선되어 보스턴 지역 민주당의 주요 지도자로 확고히 자리매김했다. 그는 1888년에 이미 세인트루이스에서 열린 민주당 대통령 후보 지명 전당대회에 그로버 클리블랜드(Grover Cleveland, 제22·24대 미국 대통령 역임) 후보 지명연설을 위한 연사로 초빙되기도 했다.

조셉의 장인이자 잭의 외조부인 존 F. 피츠제럴드(John F. Fitzgerald)는 그의 부친보다 보스턴 일대에서 더욱 명성이 자자했던 인물이었다. 피츠제럴드는 일찍이 부친이 사업으로 많은 재산을 일구어 놓은 기반위에서 정치에 입문하였다. 1891년 그는 보스턴 시의회 의원을 시작으로 1892년에는 매사추세츠 주의회 상원에 당선되었고, 1894년 민주당 소속으로 매사추세츠 연방의회 하원으로 당선되어 세 차례 연임하였다. 1905년에는 재임 기간 중에 사망한 보스턴 시장 보궐 선거에 도전하여 당선됨으로써 보스턴의 거물 정치인으로 확고히 자리를 잡았다.

조셉이 보기에 이제 케네디 가문은 지방을 무대로 하는 정치보다는 전국 규모의 정치를 할 때가 되었다. 그는 대공황으로 인하여 미국 사회가 새롭게 변화하고 있다고 여겼다. 그 변화는 앞으로 미국은 실업가가 통제하는 나라가 아니라 정치가가 다스리는 나라가 될 것이라는 믿음이었다. 1930년에 조셉은 '다음 세대에는 정부를 장악하는 자들이 미국에서 가장 영향력 있는 자들이 될 것이다'고 전망하였다.[1] 이런 신념에 따라 조셉 자신도 사업가의 역할을 잠시 접어두고 루즈벨트(Franklin D. Roosevelt) 대통령의 정파에 가담하여 증권거래위원회와 해상위원회의 위원장직을 맡았고 영국 주재 미국대사라는 중책을 역임하기도 하였다.

1) Collier, Peter, and David Horowitz, *The Kennedys: An American Drama*, New York: Summit Books, 1984, p. 75, 82

조셉의 이러한 정세 판단과 정치 참여, 그리고 자식들의 진로에 대한 생각은 잭에게 많은 영향을 주었다. 잭은 전쟁의 와중에도 정치와 국제 관계에 대하여 지대한 관심을 갖고 있었다. 그는 워싱턴의 해군정보국에서 근무하던 1941년 가을에 미국의 고립주의자들과 국제주의자들의 대립에 관한 책을 집필하기 위하여 자료를 수집하기도 하였다. 그는 자신을 현실주의자이자 실용주의자로 생각하였다. 일본의 진주만 습격 이전부터 그는 '사람들이 전쟁에 관하여 완고한 생각을 갖는 것은 잘못이다. 변화하는 세계정세를 대처하기 위해서는 우리의 정책에 융통성과 유동성이 있어야 한다'고 기록했다. 잭이 정치에 대하여 비상한 관심을 가졌다는 사실은 군복무 시절 그의 동료들의 이야기에서도 증명된다. 대부분의 장교들이 쉬는 시간에 카드놀이나 여흥을 즐기는 동안에도 잭은 그런 놀이에 참여하지 않는 장교들을 열심히 찾아내서 진지하게 정치 이야기를 하곤 하였다. '예, 그는 타고난 정치가 기질을 갖고 있었습니다.……그는 우리가 미국 시민으로서 무엇인가 해야 할 의무가 있으며 그 일련의 과정에 참여할 의무가 있음을 매우 깊이 깨닫게 해주었습니다.' 태평양 해군 복무 시절 잭과 친하게 지내던 친구의 말이다.[2]

2) Hamilton Nigel, *J.F.K.: Reckless Youth*, New York Random House, 1992, p. 543, 629.

잭이 정치에 입문하기로 한 데에는 부친의 권유나 형에 대한 추모의 정 때문만은 아니었다. 잭이 후에 자신이 정치를 직업으로 선택한 데에는 좀 더 결정적인 요인이 있었다고 회고했다. 즉 그는 '권력은 전쟁 혹은 평화, 번영 혹은 침체를 결정'할 수 있는 책임을 갖고 있기 때문에 정치에 끌렸다는 것이다. 그는 1960년에 '이제 모든 것이 정부의 결정에 달려있습니다. 그러므로 만일 여러분이 관심이 있다면, 참여하고 싶다면, 그리고 노동문제나 인도문제 등 여러분의 어떤 관심사가 무엇이 되었든 간에 여러분이 강력한 의지를 갖고 있다면 내가 보기에 그것을 실천에 옮길 방법은 정부에 참여하여 봉사하는 것입니다'고 정치 참여의 필요성을 토로하였다.[3]

3) JFK Tape 39: "Memoir entry concerning entrance into politics," Oct. 1960, Recordings, JFKL ; Dallek, *An Unfinished Life: John F. Kennedy, 1917~1963*, p. 120에서 재인용.

잭이 정치를 택한 또 하나의 이유는 정치가 갖는 창의성 때문이었다. 그가 보기에 법률사

무소에서 행하는 단조로운 일에 비하면 '외교정책이나 노사관계에 관한 법률'을 입안하는 것이 그에게는 훨씬 더 매력적으로 보였다. '독점금지 소송을 놓고 씨름하는 것과 국가가 나갈 방향을 어느 정도 결정하는 데 참여하는 의회에서의 생활을 어떻게 비교할 수 있겠냐?'고 질문함으로써 그는 자신에게 정치야말로 자신이 나가야 할 길임을 분명히 했다. 그는 잠시 몸담았던 언론보다도 정치가 더 흥미로운 직업임을 다음과 같이 설파했다. '기자는 무슨 일이 일어났는지 '보도'하는 존재이지 어떤 일을 '일어나게' 만들지는 않죠.……그것은 참여하는 것이 아닙니다.……나는 정치가 어떻게 그리스인들이 행복이라고 정의한 것을 충족시키는지 이해했습니다. 즉 주어진 삶의 영역 내에서 최선의 방향으로 당신이 갖고 있는 힘을 온전히 사용하는 것입니다.'[4]

잭의 가장 가까운 측근 보좌관이었던 두 사람은 후일 잭이 정치에 입문하게 된 동기에 대하여 잭은 '드와이트 아이젠하워와 다른 제2차 세계대전의 참전 용사들과 마찬가지로 좋든 싫든 전쟁의 재발을 막기 위해서는 정치에 직접 가담하는 것이 최선의 방책임을 깨달았다'고 술회했다.[5] 그는 또 정치의 매력에 대하여 '정치는 요구가 매우 많은 직업이지만 마음속 깊이 만족감을 주는 직업 또한 정

[4] JFK Tape 39: "Memoir entry concerning entrance into politics," Oct. 1960, Recordings, JFKL. Dallek, *An Unfinished Life: John F. Kennedy, 1917~1963*, p. 120에서 재인용.

[5] Kenneth O'Donnell and David F. Powers, *"Johnny, We Hardly Knew Ye"*, Boston: Little, Brown, 1970, p. 46.

치라는 점을 덧붙여야겠군요'라고 말하기도 했고, 1960년 한 인터뷰에서는 '정치의 대가는 비싸지만 정치가 주는 짜릿함을 느끼지 못하고 평범한 삶을 사는 사람들을 생각해 보세요'라는 말로 정치가의 길을 택한 것에 대하여 만족감을 표시하였다.[6]

잭이 정치가가 되기 위해 나름대로 마음자세를 가다듬고 있는 동안 그의 부친 조셉은 그

6) Ed Plaut interview with JFK, n.d., in Ralph G. Martin Papers, Boston University, Dallek, *An Unfinished Life- John F. Kennedy, 1917~1963*, p. 120 에서 재인용.

런 아들을 후원하기 위해 심혈을 기울이고 있었다. 그가 택한 방법 중 하나는 1945년 봄과 여름에 매사추세츠 주에서 케네디 가문의 존재를 좀 더 새롭게 부각시킴으로써 향후 잭의 정치적 입지를 넓히는 것이었다. 4월에 조셉은 매사추세츠 주지사 토빈(Maurice J. Tobin)과 오찬을 함께 한 자리에서 보스턴의 경제발전을 위해 자신의 사재 50만 달러를 주에 투자할 것임을 선언하고 향후 주의 경제를 구상하고 기획할 위원회의 위원장에 취임해 달라는 요청을 수락한다고 발표함으로써 보스턴 언론에 대서특필되었다. 위원장에 취임함으로써 조셉은 여름 내내 매사추세츠 주의 실업계, 노동계, 관계 주요 인물들을 만나 대화를 나눔으로써 케네디 가문의 존재감을 드높였다. 7월에는 미군 군함 '조셉 P. 케네디'호의 진수식으로 다시 한 번 케네디 가문의 명예를 드높였고 사람들이 케네디 가문의 두 아들이 전쟁

영웅임을 상기하도록 하였다. 또한 조셉은 잭이 1946년 선거에서 주지사 토빈의 러닝메이트로 부지사에 출마하는 문제를 상의하기도 했다.

그러나 조셉과 잭 부자는 주 정치계보다는 연방의회로 진출하여 전국적인 정치인으로 이름을 올리는 것이 더 효율적이라는 데 의견을 같이 했다. 그러기 위해서는 매사추세츠 주의 지역구 중 어디를 잭의 선거구로 정하느냐의 문제를 먼저 해결해야 했다. 조셉은 컬리(James Michael Curley)라는 인물에게 접근하여 이 문제를 해결하였다. 컬리는 당시 제11선거구를 장악하고 있었으나 사기혐의와 가중처벌로 빚더미에 올라 앉아 있어서 재정적으로 매우 어려운 형편에 처해 있었다. 조셉은 컬리에게 비밀리에 채무변제와 시장 출마에 필요한 선거자금 제공을 약속하고 그의 선거구를 잭이 물려받도록 조치하였다.[7]

7) Hamilton, *J.F.K.: Reckless Youth*, p. 674.

이러한 부친의 헌신적인 도움과 자신의 자발적인 선택에도 불구하고 가끔 자신의 선택에 대하여 번민하기도 하였다. 그가 고민한 첫 번째 이유는 자신이 전사한 형의 대역이라는 느낌을 지울 수 없었기 때문이었다. 그는 친구에게 '나는 지금 형 조의 삶을 채우고 있는 중이다. 만일 그가 살아 있었더라면 내가 이 일을 할 리가 없겠지'라고 털어 놓았고, 한 기자에는 '만일 조가 살아 있었다면 나는 아

드 대학 졸업사진(1940년)

마 1946년에 법과대학원에 갔을 겁니다'라고 푸념하기도 했다.[8]

잭이 정계 진출을 고민한 또 다른 이유는 그의 건강문제였다. 앞에서 언급했다시피 잭의 건강문제는 그를 평생 괴롭혔던 악재 중 하나였다. 1945년 제대 후에도 여전히 잭은 복부 통증과 허리 통증에 시달리고 있었다. 정치가로서 선거운동을 하자면 건강한 사람도 체력적 소모가 이만저만 아닌 상황에서 잭의 건강 상태로 선거운동을 한다는 것은 보통 고역스러운 일이 아니었다. 1947년에 명확히 그 병명이 밝혀진 애디슨병의 증상, 즉 피로와 욕지기, 구토 등의 증상은 더욱 악화되었다. 그러나 주사위는 이미 던져졌고 그는 이제 발을 뺄 수 없음을 잘 알고 있었

[8] Ralph G. Martin and Ed. Plaut, *Front Runner, Dark Horse*, Garden City, N.Y.: Doubleday, 1960, p. 136 ; JFK interview, Martin Papers.

1943년 해군장교로 복무하던 시절. 솔로몬 제도에서

다. 죽더라도 정치판에서 죽어야 함을 누구보다도 그 자신이 잘 알고 있었던 것이다. 이제 남은 것은 최선의 노력으로 최대의 결과를 내는 것이었다.

하원 의원 케네디

매사추세츠 주에서 케네디 가문이라는 지명도와 영향력 있는 부친의 막강한 후원에도 불구하고 잭은 불과 28세라는 젊은 나이에 처음 치루는 선거전이 매우 생소하고 어렵기만 했다. 어려움 가운데 하나는 잭의 연방 하원 의원 입후보를 놓고 정적들의 적대감이 언론을 통하여 매우 거칠게 표출되고 있는 현상이었다. 그의 정적 중 한 명은 라디오 방송에서 '후보 중에 가문의 거대한 부를 자랑하는 대학을 갓 졸업한 젊은 애송이 한 명이 있습니다. 가문의 재산이 3천만 달러라고들 하는데 이 후보는 공직을 맡아본 경험이 전혀 없습니다. 이 친구는 지역구에 거처조차도 없습니다. 그는 보스턴에 있는 벨뷔 호텔에 등록되어 있는데 아마 그곳에서도 잠을 잔적이 없을 깃입니다. 그는 뉴욕 출신이고 그의 부친은 플로리다 주민입니다. 그런데 그의 재산 때문에 보스턴 언론의 호평을 받고 있습니다.······책임감이

라는 측면에서 볼 때 이 후보는 이 구역에 거주하지도 않
고,……구역 주민의 문제에 대해서는 아는 것이 하나도 없
습니다'고 잭을 몰아 붙였다.9)

9) Boston City Councilor Joseph Russo radia speech, n.d., Box 74, Pre-Presidential Papers(이후 PPP로 약칭함), JFKL.

쾌속 초계 어뢰정(PT boat) 109의 함장으로서 부하들과 함께. 이 어뢰
정은 1943년 일본 군함에 부딪혀 두 동강이 났고 잭은 즉사한 두 명의
부하를 제외하고 전원 구출하는 용맹함을 과시했다. 후에 무공훈장을
받고 전쟁영웅이 되었다.

『이스턴보스턴 리더』라는 신문은 잭의 '자격 없는' 입후
보에 대하여 분노했다. 그 신문은 잭의 선거운동에 대하여
'연방 하원 의석을 판매합니다. 경험은 전혀 필요 없고, 지
원자는 뉴욕이나 플로리다에 거주하여야 하며 백만장자만
지원할 수 있습니다'라는 풍자 광고를 싣기도 하였다. 또

이 신문의 한 칼럼니스트는 잭(Jack) 케네디를 매우 영국적인 부잣집 도련님인 '샌님(Jawn)' 케네디라고 깎아내렸다. 그는 '내 생각에 케네디의 입후보는 지방 정치계에서 지금까지 있었던 일 중에 가장 뻔뻔스러운 일이다. 그는 보스턴에 들어와서 호텔에 거짓 거처를 마련하고 오직 가문의 영향력에 의존하여 부지사가 될 것인지 혹은 연방 하원 의원이 될 것인지 아직 결정하지 않았다고 밝히고 있다.……그가 도대체 여러분의 표를 얻기 위하여 한 일이 무엇이란 말인가?'라고 잭의 입후보를 통렬하게 공격하였다.[10]

정적들과 적대적 언론들의 공격도 공격이지만 잭에게 좀 더 현실적인 문제는 당선을 위하여 지역구 유권자들의 표를 획득하는 것이었다. 정적들과 언론의 비난은 대응하지 않으면 그만이지만 표를 얻는 문제는 치밀한 계획과 전략을 기반으로 하는 적극적인 행동을 필요로 하였다. 특히 이제 막 정치를 시작한 잭은 자신의 지역구인 11선거구에서 지명도가 높은 쟁쟁한 경쟁자들과 겨루어야 했다. 이들을 물리치려면 해당 지역구의 노동계급으로부터 충분한 표를 확보해야 했다. 즉 아일랜드와 이탈리아계가 주류를 이루는 노동계급을 상대로 득표를 하지 못한다면 희망이 없었다. 물론 쉬운 일은 아니었다. 하버드 대학교 출신에다 백만장자의 자제가 노동자들에게 접근하여 득표

10) East Boston Leader, n.d. Political Scrapbook No. 1, microfilm, JFKL.

활동을 한다는 것은 자칫 노동자들로부터 비웃음만 사는 역효과를 갖고 올 수도 있었다. 따라서 잭은 이 문제를 해결하기 위하여 매우 신중하게 접근하였다. 일반적으로 예비선거, 즉 당내 후보 지명 경선에 참여하는 유권자는 전체 유권자의 20~25퍼센트 정도인데 일단 여기를 통과하면서 강렬한 인상을 남길 필요가 있었다. 잭은 가문의 배경, 즉 친가와 외가의 유명세, 하버드 출신이라는 자기 자신의 참신한 이미지가 대중들에게 어느 정도 어필할 것이라고 판단하고, 그 점을 부각시키기보다는 오히려 정치꾼답지 않은 신선함을 유지하는 데 집중했다. 그렇게 함으로써 대중들로부터 막강한 배경을 갖고 있지만 겸손하고 참신한 젊은이라는 평판을 들을 수 있을 것이고 이러한 이미지는 곧바로 득표로 연결된다는 전략이었다. 특히 잭은 자신의 전쟁영웅 이미지가 매우 유용할 것이라고 판단하였다. 잭의 이러한 계산은 적중했다. 대중들은 '정치인 잭'에 대한 관심보다도 '전쟁영웅 잭'에 대한 관심이 훨씬 더 높았다. 그런 맥락에서 잭은 선거운동원들을 자신의 친구들이면서 제대 귀향 예비역들로 채웠다. 전쟁터에서 현역으로 복무함으로써 애국을 몸소 실천하고 이제 제대 후에는 자신의 조국과 고향을 위해 일하겠다는 의욕에 찬 젊은이라는 이미지는 잭에게 아주 잘 들어맞는 그림이었던 것이다.

그렇지만 이미지만 갖고 선거에 이길 수는 없었다. 자신만의 정견을 발표하여 유권자들의 요구와 고충을 해결할 수 있는 인물임을 증명해야 했고 또한 그것을 직접 유권자들에게 전달해야 했다. 즉 지역구를 발로 누비면서 지위고하를 막론하고 유권자들에게 파고들어가서 그들과 일일이 접촉해야 했다. 잭에게 이러한 일은 처음에는 매우 어색했지만, 시간이 지날수록 특유의 매력과 친화력을 발휘하여 대중과 매끄럽게 친숙해져 갔다. 잭의 잘생긴 외모와 든든한 가문의 배경이 유권자들의 호감을 사는데 한몫했음은 물론이다.

돈은 선거에서 승리하기 위한 필수 조건이다. 돈은 부친 조셉에게서 나왔다. 풍부한 자금은 경험이 풍부하고 충성스러운 선거 운동원들을 동원하는 문제를 해결해 주었다. 조셉은 그와 육촌지간인 케인(Joe Kane)을 잭의 선임 자문역에 배치했다. 케인은 보스턴 정치계의 베테랑으로서 보스턴 지역의 정치가 어떻게 돌아가고 있는지 훤히 꿰고 있는 인물이었다. 케인은 잭의 선거 구호를 "새로운 세대를 위한 지도자로!"라고 정했다. 조셉이 동원한 또 다른 충성스러운 운동원은 자신의 오랜 비서였던 무어(Eddie Moore)였다. 무어는 선거자금의 운용을 담당하였다. 잭의 선거 캠프에서 자금이 필요한 사람은 누구든지 무어에게 요청해야 했고, 무어는 매우 조심스럽게 자금을 운용하였다. 한 선거운동원의 회고에 따르면 그가 무어에게 필요한 자금을 요청하면 무어는 그를 선거운동 본부의 화장실로 데리고 들어가서 누가 엿보지 못하도록 화장실 문구멍을 동전으로 가리고 나서 현금을 건네면서 "정치에서 현금을 건네는 것은 아무리 조심해도 지나치지 않다"고 말하곤 했다.11)

조셉이 아들 잭의 선거 운동에 들인 비용은 약 30만 달러로 추산되지만 많은 비용이 무어에 의해 현금으로 은밀하게 지출되었기 때문에 정확한 액수는 알 수 없다. 30만 달러는 케인의 말을 빌리면 1946년 하원 의원 선거 자금으로는 '엄청난 금액'이었다. 훗날 정치 평론가들은 '땅콩 한 개를 으깨기 위해 코끼리의 무게를 사용한 꼴'이라고 비꼬았다. 그러나 조셉은 잭을 통하여 가문의 정치적 목표를 달성하기 위하여 그보다 더 많은 돈도 쓸 준비가 되어 있었던 사람이었다. 잭 진영은 막대한 선거 자금으로 광고 회사를 동원하여 옥외 광고판, 지하철, 신문, 라디오 광고, 광고용 우편물 등을 도배하다시피 했다. 시각 광고물은 '케네디를 의회로'라는 구호와 함께 어느 참전 용사의 아버지가 잭을 가리키면서 '저기에 우리가 원하는 사람이 있군'이라고 말하는 사진이었다. 풍부한 선거 자금은 여론 조사를 행하여 잭의 전쟁 영웅적 측면을 강조하는 것이 더 효과적인 선거 전략이라는 점을 알아낼 수 있게 하

11) Doris Kearns Goodwin, The Fitzgeralds and Kennedys, New York: Simon & Schuster, 1987, p. 699, 713.

였고, 선거구의 모든 지역에 선거운동본부를 설치할 수 있게 하는 원동력이 되었다. 겨우 자신의 집 근처에 선거운동본부 한 개만 운영할 수 있었던 잭의 상대 후보들은 잭의 공격적인 선거 운동을 당해낼 수 없었다. 경쟁 후보 중 잭의 유일한 맞수였던 네빌(Mike Neville)은 "내가 도박판에 끼어들어 경찰에 검거나 되어야 겨우 언론이 관심을 가져 줄 것"이라고 불평할 정도였다.[12]

12) Martin and Plaut, *Front Runner, Dark Horse*, p. 140.

자신의 노력과 온 집안의 전력투구 덕분에 민주당 내에서 치러진 예비선거를 무난히 승리로 이끈 잭의 최종 목표는 공화당 후보와 겨루는 본선에서 승리하는 것이었다. 11월 공화당 후보와의 경합에서도 잭의 승리는 확실해 보였다. 그러나 문제는 압도적인 승리를 거두어야만 장래 떠오르는 젊은 정치가로서 입지를 확실히 굳힐 수 있었다. 그러기 위해서 잭은 자신이 신념과 비전이 확실하며 정책이 뚜렷한 후보임을 지역구의 유권자들에게 각인시킬 필요가 있었다. 그는 시민들이 정치에 관심을 가지지 않으면 세상을 바꿀 수 없다고 역설하면서 자신이 민주당에 몸담고 있는 것은 단지 집안과 연고가 있어서라기보다는 오히려 민주당이 수십 년 동안, 특히 1932년 이후 루스벨트 대통령의 지도하에 국민의 안녕과 행복을 이루기 위하여 국내외적인 시련에 맞서 성공적인 노력을 해왔기 때문이라고 강조하였다. 또한 그는 싼값의 주택을 재향 군인들에게 공급하는 법안을 지지한다고 공표하여 국내적인 이슈에도 나름대로 견해가 분명함을 나타냈다. 그러나 그가 자신의 정체성을 뚜렷이 드러낸 분야는 국제정치였다. 당시 트루먼(Harry S. Truman) 민주당 정부의 우유부단한 반공정책에 대한 공화당의 공격이 날카로움을 더해가자 잭은 민주당원으로서 정체성을 분명히 해야겠다고 마음먹었다. 즉 공화당의 공격이 자신의 득표에 부정적인 영향을 미치지 않도록 미리 선수를 치기로 했던 것이다. '오늘날 세계가 당면한 주요 현안에 대해서 솔직하게 말해야 할 때가 되었습니다. 그 현안은 바로 '최악의 노예 국가'인 소련입니다.' 소련은 이미 '세계침략계획에 착수'했으며 만일 '자유를 애호하는 국가들'이 소련을 저지하지 못한다면 '멸망할' 것이며 소련의 위협은 '도덕적 현실적' 위기라고 잭은 역설하였다. 잭의 연설은 10월에 보스턴 라디오 방송을 통하여 대중들에게 전파되었고 선거운동 막바지에 여러 차례 반복 방송되면서 수많은 유권자들의 공감을 얻었다.

11월 5일 선거는 전국적으로 공화당의 우세로 판가름 났다. 매사추세츠 주에서도 민주당은 상원과 주지사를 공화당에 내주었다. 그러나 잭의 투표 결과는 매우 좋았다. 경쟁자였던 공화당 후보가 2만 6,007표를 얻은 반면에 잭은

6만 9,093표를 득표함으로써 압도적인 승리를 거머쥐었다. 이로써 29세의 정치 초년생 잭에게 매우 밝은 정치적 장래가 펼쳐질 것임을 예감할 수 있게 되었다.

잭의 정계입문과 선거에서의 승리는 모두 자신의 노력의 결과라고 하기에는 상당히 부족한 측면이 있었다. 부친의 부와 명성, 외가 쪽의 정치적 자산, 그리고 아낌없이 쏟아 부은 선거자금 등이 당시 보스턴 유권자들로 하여금 잭을 선택하도록 했을 것이다. 즉 잭 자신의 능력과 정치적 탁월함보다는 오히려 외부적인 요인이 당선에 더 결정적인 요인이 되었을지도 모른다. 그런 점에서 잭은 행운아였고 남들이 부러워할 만한 사람이었다.

그러나 잭에게는 위에서 열거한 외부적인 유리한 조건들과 어우러져 독특함을 돋보이게 할 상품성, 즉 내적 정치적 자산이 풍성하게 존재했다. 스스럼없고 소탈한 성품이라든지 설득력 있는 말솜씨, 잘생긴 외모와 미국 최고의 명문대학을 졸업한 우수성, 그리고 전쟁에 참전하여 죽을 고비를 넘기면서 부하들의 생명을 구한 용맹함과 희생정신 등이 유권자들에게 자신들의 지역구를 대표할 충분한 자격이 있음을 확인시키는 요인으로 작용했다. 잭의 이러한 여러 장점 중에서도 향후 그의 정치 역정에서 특히 중요한 자산은 불굴의 인내력이었다. 잭은 어렸을 때부터 건강에 심각한 문제를 안고 있었다. 여러 차례 죽을 고비를 넘기기도 했고, 성인이 되어서도 여전히 고질적인 병마에 시달리고 있었다. 만일 그가 의지력이 약한 사람이었다면 평생 요양병원에서 병을 치료하면서 시간을 보냈을 수도 있을 정도로 그의 병은 끊임없이 신체를 괴롭혔다. 질병으로 인한 죽음의 공포는 젊은 시절 한 때 무분별한 여성편력 등 비정상적이고 과도한 행동을 유발하기도 했지만, 다른 한편으로는 자신의 신념을 지키는 데 있어서 불굴의 의지를 발휘하는 요인으로 작동하기도 했다. 후술하겠지만 잭은 대통령이 된 후에 국가의 안위와 세계 평화에 중대한 영향을 미치는 결정을 내릴 때 주위의 보좌관들과 참모들의 권고와 위협에도 불구하고 자신이 올바르다고 믿었던 결정을 고수하는 데 있어서 매우 단호한 면모를 보여준다. 물론 그의 이러한 면모는 대통령이 된 이후의 모습이고 하원 의원과 상원 의원으로서 재직할 당시에는 더 큰 정치적 야망을 이루기 위하여 여념이 없었다.

정치가로서 자신의 소신과 원칙을 세우다

잭의 의회 진출이 케네디 집안사람들에게 희망을 주는

사건이기는 했지만 경사가 난 듯 야단법석을 떨 정도는 아니었다. 특히 잭의 당선을 뒤에서 후원했던 부친 조셉은 잭이 이제 겨우 정치인으로서 걸음마를 뗀 것으로 생각하고 있었다. 즉 게임은 이제부터 시작이라는 생각이었다. 다음 자리를 향한 정거장으로서 하원 의원직을 여기고 있었다. 잭 자신도 하원 의원을 특별히 애지중지하지 않았다. 대부분 초선 의원들은 의정 활동에서 좋은 평가를 받아서 두각을 드러내고 싶어 하지만 사실 그것은 대부분 중진 의원들의 몫이었고 초선 의원들에게는 그런 기회조차 거의 주어지지 않는 형편이었다. 잭은 이러한 상황을 재빨리 파악하였고, 애초부터 입법 활동을 통해 두각을 드러내겠다는 생각은 품지 않았다. 말하자면 잭은 하원 의원직을 상원 의원이 되기 위한 더 큰 정치적 도약을 위한 발판 정도로 생각했다.

그런 그에게 하원 의원의 역할이 성에 찰 리 만무했다. 한 동료 의원의 회고에 따르면 그 시절 잭은 두 손을 호주머니에 넣은 채 본회의장으로 어슬렁거리며 들어간다든지 청바지 차림으로 하원 의사당을 돌아다니면서 할 일 없이 여기저기 기웃거린다든지 하면서 시간을 때우기 일쑤였다.[13] 잭 자신도 후에 자신의 하원 의원 시절을 회고하면서 '누구든지 하원 의원 신분으로는 할 수 있는 일

[13] Collier and Horowitz, *The Kennedys*, p. 209.

이 별로 없었습니다. 우리는 기껏해야 의사당의 벌레 같은 존재였습니다. 국가적으로 누구도 우리에게 별로 신경쓰지 않았습니다. 하원 의원이란 자기 지역구에서나 대단한 존재인 것처럼 여겨질 뿐 대다수 국민들은 물론 하원 의원들끼리도 서로 누가 누군지 모릅니다'고 말했다.14)

잭의 하원 의원직에 대한 이러한 판단과 그에 따른 그의 행동은 일반적으로 하원 의원들의 정치적 궤적을 염두에 둔 것이기도 했다. 대개 하원 의원으로서 의정 활동에 주목할 만한 성과를 거두고 임기를 마치거나 고위 공직으로 도약하는 경우는 그리 흔치 않았다. 실제로 하원이 설립된 1789년부터 잭이 상원 의원으로 나서게 되는 1952년까지 하원 의원으로 봉사한 수천 명 가운데 상원에 진입한 인물은 겨우 544명이었다. 역사적 상황이 이러하므로 잭으로서는 뭔가 특별한 능력을 보여주지 않는 한 보스턴의 조그마한 지역구를 상대로 이루어 낸 하원 의원이라는 직책이 향후 매사추세츠 주 전체를 상대로 하는 상원 의원이나 주지사 선거에서 성공을 보장하는 경력이 될 수 없다는 점을 잘 알고 있었다. 그런 까닭에 잭은 우선 자신의 지역구부터 확실히 장악할 필요를 느꼈다. 또다시 부친 조셉의 돈과 영향력이 필요한 상황이었다.

조셉은 믿음직한 측근들을 보좌진으로 발탁해 워싱턴과

14) JFK interview with James Burns, Mar. 22, 1959, JFKL.

보스턴 양쪽 사무실에 배치해 선거구 주민들의 요구를 신속히 처리함으로써 지역구에서 탄탄한 기반을 다지는 한편 자금과 연줄을 동원해 잭의 사회적 위상과 이미지를 제고하는 작업을 시작했다. 잭이 1947년 1월 미국 청년상업회의소가 발표한 '1946년 한 해를 빛낸 청년 10인' 가운데 한 사람으로 선정된 것이 그 대표적인 예다. 조셉은 이 일을 성사시키기 위하여 뉴욕에서 언론 홍보 대행업자로 매우 유능한 해너간(Steve Hannagan)을 움직였다. 해너간은 후보선정위원회 심사위원들을 움직여 잭이 10명 중에서 1등을 하도록 도왔다. 이 선정에 뒤이어 『뉴욕 타임스』, 『보스턴 글로브』 등 유력 일간지와 지방 방송사 라디오를 통해 잭에 대한 우호적인 방송과 보도를 이끌어 낸 것도 부친 조셉의 몫이었다. 덕분에 잭은 일약 '떠오르는 정계의 거물급 스타'로 각광받게 되었다.

부친의 물심양면의 도움이 잭이 정치적으로 성공하는 데 매우 중요한 자산임에는 틀림없었지만, 그것만으로 잭이 정치계에서 크게 성공할 수는 없었다. 잭은 비록 많은 실패와 좌절을 겪었지만 의정 활동에서 나름대로 소신과 신념을 갖고 활동하였다. 그의 의정 활동 중에서도 눈여겨 볼 점은 그가 정치적 이해관계보다도 자신의 양심과 신념에 따라 입법 활동에 임했다는 점이다. 잭은 연방재정 문제에 있어서는 매우 보수적인 입장을 취했다. 그 이유는 균형을 잃은 예산 집행은 국가 재정에 위협이 된다고 믿었기 때문이었다. 잭의 지역구인 보스턴 제11선거구는 매사추세츠 주에서 가장 가난한 지역에 속했다. 따라서 그 지역구 주민들은 뉴딜식 자유주의적 사회 개혁의 확대와 정부 시책 사업의 확대를 열망하였다. 즉 정부로부터 더 많은 사회보장과 실업보험 등의 복지혜택과 공공사업을 원하고 있었던 것이다. 잭도 그러한 지역구 유권자들의 요구를 잘 알고 있었고, 제11선거구 출신 하원 의원이 그러한 법안에 반기를 든다는 것은 정치적 자살행위와 다름없다는 점을 충분히 인식하고 있었다. 그러나 민주당이 제출한 사회복지 관련 지출 계획안대로 예산이 집행될 경우에 약 60억 달러에 달하는 적자를 감수해야 하고 이것은 국가 재정에 심각한 악영향을 줄 수 있다고 잭은 우려했다. 본회의장에서 발언권을 얻은 그는 '어떻게 우리가 매년 상당한 적자를 안고 갈 수 있다는 것인지 이해할 수 없습니다'라는 견해를 밝히면서 사회복지 관련 지출에 반대하였다.[15]

그러나 잭은 소모적 선심성 예산 지출에는 반대했지만 노동자들의 삶의 질을 높이는 데 필요한 지출은 적극 찬성하였다. 그가 보기에 노동계급이 정부에 의존하는 것은 생활고를 덜어보려는 몸부림이었다. 따라서 그는

[15] Congressional Record, April 20, 1950, 81st Congress, 2nd Session.

사회복지 법안 중 몇 가지는 일반 국민의 삶에 매우 중요한 만큼 조속히 통과시켜야한다고 보았다. 그럼에도 불구하고 의회는 계속 관련 법안의 통과에 실패하고 있었다. 예를 들어서 1945~1946년 회기에 주택 관련 법률 제정이 지지부진 난항을 겪고 있었다. 잭이 보기에 그것은 재향 군인에 대한 의회의 직무 유기가 분명했다. 연방정부 차원에서 국가의 주택난을 해소하는 방안은 보스턴을 비롯한 전국의 제대한 재향군인들의 삶에 영향을 미치는 사안이었으므로 잭도 이것을 전폭적으로 지지하였다. 그는 1947년 2월 보스턴의 한 라디오 방송과의 인터뷰에서 주택법은 '반드시 필요한' 것이라고 설명하면서 이 법의 통과를 위해 노력할 것을 다짐하기도 하였다. 그러나 그의 노력과 요구에도 불구하고 결과는 여전히 실망스러웠다. 잭은 다수당인 공화당이 대기업의 이익에 호의적이기 때문에 퇴역 군인들의 요구에 신경 쓰지 않는다고 공격하면서 본회의 발언에서 '공화당의 이런 행위는 기만입니다.……그들은 항상 부동산과 건축물 협회의 이익에는 민감하게 반응하면서 일반 국민에게 집을 마련해주는 데 돈을 쓰자고 하면 관심을 갖지 않습니다'라고 비난하였다.[16]

16) July 24, 1947, Box 93, PPP, JFKL.

연방 재정으로 주택 건설을 촉진할 것을 주장한 것 때문에 잭은 자신의 지역구에서 상당한 격려와 칭찬을 받았다. 그러나 정작 미국재향군인회로부터는 배척을 받는 처지가 되었다. 이 단체의 지도부 인사들은 보수 성향으로 부동산을 둘러싼 목전의 이익을 노리고 재향 군인들을 위한 연방 정부의 주택 건설을 반대하였다. 잭은 곧바로 미국재향군인회를 사리사욕에 눈이 어두워 일반 회원들의 복지를 돌보지 않는 집단이라고 비난했다. 이에 대하여 재향군인회는 잭을 정보에 어두운 '풋내기' 하원 의원이라고 응수했다. 그러면서 재향군인회는 주택법안에는 반대하면서 퇴역 군인들을 위한 무책임한 선심성 예산에는 찬성하는 태도를 보였다. 그러자 잭은 발언을 통해 '미국재향군인회 지도부는 1918년 이래 국가를 위해 건설적인 생각이라고는 단 한 번도 가져본 적이 없는' 사람들이라고 일갈했다. 잭은 이 발언을 하고 나서 내심 자신의 정치적 장래가 끝장날지도 모른다고 생각했던 것 같다. 그는 사무실로 돌아와서 그의 보좌관에게 '이제 우린 망한 것 같아. 그 발언이 우리를 이쯤에서 끝장내는 군'이라고 말했다.[17] 그러나 그의 원칙에 입각한 행동은 정치적 손해가 아니라 이득이었음이 드러났다. 여론은 그를 강력히 지지하고 있었고, 특히 재향군인들로부터 강력한 지지를 얻었는데, 그가 받은 열 통의 편지 중 아홉 통은 그를 지지하는 편지였다.

잭은 이 경험으로부터 자신의 정치 역정에 매우 중요한

[17] JFK interview with James Burns, Mar. 22, 1959, JFKL.

교훈을 얻었다. 가난하거나 힘이 없는 사람들 편에 서있는 인간미 넘치는 정부야말로 힘센 기업에 대항할 수 있는 결정적인 수단임을 그는 알게 되었다. 하원 의원이 될 때까지만 해도 그는 자신을 진보 개혁 성향이라고 생각하지 않았다. 그러나 주택 문제 해결을 위해 노력하는 가운데 그는 그 방향의 첫 걸음을 내딛게 되었다. 그의 이런 행보는 의회에서 노동조합의 권한을 둘러싸고 벌어진 논란에서도 확인된다. 노동조합 관련 현안은 1947년 내내 의회의 주요 쟁점이었다. 잭은 자신의 지역구 구성원들이 주로 노동계급이었으므로 의회에서 노동조합의 이해에 맞추어 발언하고 투표해야 한다고 생각하고 있었다. 그런데 당시 노동조합은 국익보다 자신들의 요구를 앞세운다는 비난을 받고 있었다. 잭이 보기에도 작금의 노동조합은 극심한 이기주의에 사로잡힌 채 국익을 도외시하고 있었다. 특히 노동조합에 공산주의 세력이 침투하여 미국보다는 소련 당국의 요구와 이익을 앞세우고 있다는 말도 들려왔다. 잭은 난감한 상황에 처하게 되었다. 1947년 하원은 전력산업노동조합과 자동차산업노동조합 내 공산주의 세력의 체제 파괴 행위에 관한 소위원회 청문회를 개최했다. 잭은 청문회 석상에서 공산주의 동조 혐의를 받고 있던 증인들을 호되게 다루었다. 잭은 노동조합 지도부 구성원들이 공산주의 음모 책동에 가담했다는 판단 아래 이들을 위증 혐의로 고발하자는 동의안을 제출하기에 이르렀다. 이로써 잭은 체제 파괴분자들을 끝까지 추적하여 기소하겠다는 단호한 의지를 보이며 투철한 반공주의자로서 입지를 굳혔다.[18] 그러나 임금·근로조건 등을 둘러싼 노사관계에서 노동자가 다시 예전처럼 사용자의 전횡에 좌우될 소지가 많아지는 법안에 대해서는 반대 의사를 분명히 했다.

[18] Herbert Parmet, *Jack: The Struggles of John F. Kennedy*, New York: Dial, 1980, pp. 175~182.

잭은 지역구를 갖고 있는 정치인으로서 지역구의 이해관계를 대변하는 것도 중요한 일이지만, 그보다도 더 중요한 것은 자신이 지역구의 이익만을 대변하는 유권자의 볼모로 전락해서는 안 된다는 확고한 생각을 갖고 있었다. 또한 잭은 종교적으로 자신이 가톨릭계 하원 의원으로서 교구의 이해관계를 대변하는 인물로 비쳐지는 것을 원치 않았다. 잭이 원했던 평판은 불편부당한 공복이라는 평가였다. 즉 판단을 내리되 스스로 편협한 이데올로기적 선입견이나 편견에 구애받지 않는 인물로 평가받는 것이었다. 따라서 잭은 보스턴의 유력한 파벌인 가톨릭 세력과 자신 사이에 일정한 간극을 형성하고 싶은 생각이 간절했다. 그런 속사정이 겉으로 드러난 예가 바로 보스턴 시장 컬리(James Michael Curley)의 사면에 관한 일화였다. 앞에서 잠시 언급했다시피 컬리는 1946년 잭의 부친 조셉과의 거래를 통하여 자신의 지역구를 잭에게 물려주고 시장에 출마하여 당선 된 인물이었다. 그런데 그는 시장이 되기 전에 전시 군수물자 계약을 유도할 목적으로 유령회사 앞으로 우편물을 보내는 사기를 저질렀다는 혐의로 기소되어 단기 6개월, 장기 18개월의 금고형을 선고받고 복역을 위해 연방교도소에 수감되었다. 그는 당시 연령이 72세인데다가 당뇨병과 고혈압을 앓고 있던 터라 법원에 선처를 호소하였으나 판사는 이를 일축하였다. 그러자 컬리를 지지했던 사람들이 트루먼 대통령 앞으로 형벌을 감해달라는 청원서를 제출하기에 이르렀다. 서명자 수는 17만 2,000명, 보스턴 인구의 절반에 해당했다. 그러나 잭은 예외였다. 그는 컬리가 유죄인 것이 분명하고 몸이 불편하면 교도소 내에 있는 병원에서 적절한 치료를 받으면 될 것이라고 여겼다. 특히 잭은 자신의 선거구의 다른 유권자들에게는 그보다 못한 요청이나 부탁도 한사코 거절했는데 컬리에게 그러한 호의를 베푸는 것은 불공평한 처사요 받을 자격이 없는 자에게 분에 넘치는 면죄부를 주는 부당한 일이라고 생각했다. 그러나 잭은 서명을 하지 않으면서 내심 정치적으로 타격을 입을 것을 우려하기도 했다. 왜냐하면 컬리는 자신의 지역구에서 거물이었고 막강한 영향력을 행사할 수 있는 위치에 있었기 때문이었다. 그러나 잭은 정치적 타격을 입더라도 원칙적으로 받아들일 수 없는 것에 굴복하느니 자주적으로 사고하는 정치인이 되는 것이 장래를 위해서 더 중요하다고 판단했다.

  이렇듯 잭은 국내 현안과 지역구의 일들에 대해서 나름대로 소신과 원칙을 지키는 젊은 정치인으로서 자리매김을 해나가는 과정에 있었다. 그런데 잭의 이러한 판단력이 더욱 명료하게 드러난 분야는 미국의 대외정책에 관한 분야였다. 그는 하버드대학교 졸업 논문으로 영국의 대외정책을 다룬 경험, 제2차 세계대전에 몸소 참전한 경험, 그리고 전후 평화 체제 구축 문제에 관해 신문 논설을 집필한 경험 덕분에 대외정책에 관해서는 한층 더 자신감을 가질 수 있었다. 트루먼 독트린이 발표된 것은 1947년 3월이었는데 잭이 하원으로서 첫 번째 임기를 수행하고 있던 시기였다. 독트린의 내용은 근동 지역에서 소련의 팽창을 억제하기 위해 그리스와 터기에 원조를 제공한다는 취지였다. 그는 대통령의 구상을 즉각 지지했다. 그가 보기에 열강 가운데 어느 한 나라가 유럽을 독점 지배하는 사태를 미연에 방지하지 않고서 국가 안보를 담보한다는 것은 있을 수 없었다. 그러나 다른 견해도 제기 되었다. 대통령의 구상은 모스크바 정권을 자극할 것이고 그로 인하여 또 다시 세계 도처에서 분쟁이 야기될 수도 있다는 경고였다. 잭은 이러한 견해에 대하여 과거 유럽의 뮌헨협정의 실패를 예로 들면서 당시 그릇된 판단으로 히틀러에 대하여 단호히 맞서지 못한 결과 제2차 세계대전이 발생하지 않았느냐고 반문했다. 따라서 이번에 소련 제국주의에 대하여 단호한 정책을 취해야 모스크바 정권이 향후 위태로운 모험을 감행할 엄두를 내지 못할 것이라고 잭은 판단하였다. 투르먼 독트린에 대한 또 다른 견해는 그리스·터키의 독립을 보존하려면 미국은 UN에 의지하는 수밖에 없다는 의견이었다. 잭은 이에 대해서 UN은 그러한 도전을 대처하는 데 필요한 자금이 없다는 점을 환기시켰다. 미국의 의도는 '달러 제국주의로 그리스와 터키의 정부를 지배하는 것이 아니라 그들이 자유롭게 살아가도록 도와주는 데 있다.' 대통령의 정책은 '우리가 안보와 평화를 얻은 유일한 방도이다.'19) 잭은 서유럽 경제를 회복시키기 위하여 약 170억 달러의 미국 차관과 원조를 제공한다는 마셜플랜에 대해서도 적극적인 지지를 표명하였다. 잭은 외교정책에 있어서 국제주의적 입장을 취하면서도 공산주의의 확산 방지와 자본주의 진영의 번영이라는 확고한 신념을 갖고 있었고 트루먼 행정부의 대외정책이 자신의 견해와 일치한다고 판단하고 열렬한 성원을 보냈던 것이다.

---

19) JFK, speech at UNC, Mar. 27, 1947, Congressional Record, April 1, 1947, 80st Congress, 1st Session.

여전히 미숙한 젊은이

잭은 1947년부터 1949년 사이에 하원 의원으로서 나름대로 열심히 활동하였다. 온 국민의 관심사였던 주택·노동조합·교육 문제 등 주요 현안에 나름대로 원칙과 소신을 갖고 발언하고 투표했으며 공산주의 세력의 확장 등 국가 안보에 대한 문제도 자신의 견해를 피력하였다. 그러나 그는 아직은 하원 의원 435명 중 한 명이었고, 그것도 자신의 목소리를 크게 낼 수 없는 신인이었으므로 많은 좌절과 실망을 맛봐야 했다. 그런 까닭에 그는 사교계 생활을 즐기면서 좌절감을 달래기도 했다. 사실 사교계 생활이라면 잭에게는 천부적인 재능을 발휘할 수 있는 분야였다. 어렸을 때부터 돈 많은 부유한 명문가의 자제로 성장하면서 모든 사교적 기교를 익힌데다 쾌활한 성격과 최고의 명문대학 졸업까지 모든 것을 두루 갖춘 팔방미인이었다. 또한 부친이 붙여준 유능한 보좌관들이 지역구 유권자들의 요구를 대부분 보살피고 있었다는 점도 그에게 그런 시간적 여유를 부여했다. 당시 조지타운에서 잭과 가까이 살던 한 영국인 친구는 당시의 잭을 이렇게 기억했다. '쾌활함과 사색의 분위기가 조화를 이루고 있었습니다.……책을 읽으며 아주 진지한 표정으로 있다가 느닷없이 익살을 부리거나 노래를 부르곤 했지요. 하지만 누가 봐도 항상 진지한 사색가다운 느낌이 들 정도로 문학이나 정치에 대해 깊이 파고들었지요.'[20]

[20] Burns, *John F. Kennedy*, pp. 71~73 ; Collier and Horowitz, *The Kennedys*, p. 189 ; D. Goodwin, *Fitzgeralds and Kennedys*, p. 722.

1947년 5월에 만 서른 살이 되었음에도 잭은 잘 생긴 선머슴 같은 용모에 야망이나 엄숙한 목적의식 같은 것은 없는 유쾌하고 편안한 모습이었다. 주름투성이의 저고리와 와이셔츠, 얼룩진 넥타이에 카키색 바지, 헐렁한 스웨터, 스니커즈 등이 그가 평소에 입던 옷이었고, 하원에 출석하는 등 어쩔 수 없는 경우에만 값비싼 정장을 착용하였다.

잭은 조지타운에 있는 타운하우스를 세내어 살고 있었는데 보좌관 서턴(Billy Suttton)과 누이동생 유니스와 함께 기거하고 있었다. 요리사 한 명과 흑인 시종 한 명을 두고 있었는데 방문객은 수도 없이 드나들었고 집안 분위기는 항상 왁자지껄하고 쾌활했다. 웃가지며 먹다 만 음식 그릇을 여기 저기 두고 다니는 잭의 칠칠맞지 못한 버릇은 여전했고 즉흥적으로 여가를 보내는 버릇도 변하지 않았다. 그즈음에 잭의 친구 중에 로맨틱한 사이로 진전되는 것을 한사코 꺼리던 한 여자 친구의 회고를 들어 보면 잭의 무질서한 생활을 짐작할 수 있다. '불쑥 나타나서 내 집 창문 밑에서 경적을 울려대면서 영화를 보러 가자거나 저녁을 함께 먹자고 소리를 지르곤 했지요. 미리 계획을 세워서 행동하는 법이 별로 없었어요. 더러는 자기 침실에 식반을 놓고 저녁을 먹고 있으면 나도 그 침실에 식반을 갖고 가서 함께 먹곤 했어요. 방에는 허리 멜빵이며 여러 잡동사니들이 널려 있곤 했어요. 밥을 먹고 나면 그때서야 무슨 영화가 상영 중인지 알아보고 옷을 주섬주섬 입고 영화를 보러가곤 했지요. 관람료는 으레 내가 냈어요. 잭은 늘 돈 한 푼 없이 다녔거든요.'[21]

[21] D. Goodwin, *Fitzgeralds and Kennedys*, p. 521.

잭은 사교계 생활에 심취했음에도 불구하고 친한 친구가 별로 없었다. 그 이유는 잘 알려져 있지 않지만 그의 자유분방한 생활태도 때문인 것으로 추측된다. 그가 만나는 인사들은 워싱턴 사교계의 저명인사들이 대부분이었다. 그가 마음만 먹으면 그들과 친분을 못 맺을리 없었겠지만 그들의 격식과 예절을 중시하는 태도와 젠체하는 행동거지가 잭에게는 영 마땅치 않았을 것이다. 대신에 잭은 광적으로 여색을 밝히는 쪽으로 성가를 발휘했다. 그가 본격적인 '호색한'으로 명성을 날린 것은 잠깐 사이였다. 동료 하원 의원인 스매더스(George Smathers)는 서른세 살로 마이애미에서 유명한 변호사이자 판사의 자제였는데 잭과는 매우 절친한 사이로서 방종한 기질이 일맥상통한 면이 있었다. 그의 회고에 따르면 '잭은 여자들을 좋아했습니다. 가히 천부적 이였죠. 그의 부친도 여자를 좋아했거든요. 그는 대단한 사냥꾼 이었지요. 잭은 여자를 좋아했고 여자들도 잭을 좋아했습니다. 그는 여자들과 매우 잘 어울렸어요. 그는 따뜻하고 사랑스러운 남자였습니다. 정말 호감이 가는 사내였죠.'[22] 연방대법원 판사였던 더글러스(William O. Douglas)도 잭이 플레이보이였다고 회고했다. 1950년대 잭과 친하게 지낸 뉴저지 출신 연방 하원 의원 프랭크 톰슨 주니어(Frank Thompson Jr.)는 '여자들이 그 친구라면 홀딱 빠졌다'고 말했다. 잭은 마음대로 골라 먹을 수 있는 '다양한 여체로만 만들어진 뷔페 식사'를 앞에 놓고 있는 셈이었다.[23]

[22] Joan and Clay Blair, Jr., *The Search for JFK*, New York: Putnam, 1974, p. 523, 526.

[23] Parmet, *Jack*, pp. 167~168.

잭이 상대한 여성들은 주로 하룻밤 상대였는데, 대부분 비행기 여승무원이나 비서들이었다. '그는 아늑하거나 심금을 울리는 타입의 사람이 아니었어요' 한 여성의 회상이다. 또 다른 여성의 회고는 다음과 같다. 잭은 '친절하고 나름대로 이해심도 있었고 위트가 넘치고 재미있는 사람이었지만 열 대신에 빛을 발하는 사람이었죠. 그에게 섹스는 노력하는 대상이 아니라 해치워야 하는 것이었어요. 포옹 같은 것은 아예 하지도 않았죠.'[24]

[24] Collier and Horowitz, *The Kennedys*, pp. 212~213.

잭의 친구나 전기 작가들은 잭이 이렇듯 여색을 밝히는 현상의 원인으로서 정신적 스트레스를 들었다. 잭은 어린 시절에 냉정하고 초연한 어머니, 주로 바깥으로 나돌며 자기 일에 골몰한 아버지 밑에서 정서적 공허감이 조성되었고, 이에 맞서 싸우는 방편이 다름 아닌 성적 탈선 행위였다는 것이다. 무조건·무제한 정복에 대한 무의식적 욕구를 충족시켜야 버틸 수 있을 정도로 심각한 정신신경증 증세가 있었다는 것이다. 어느 전기 작가가 잭과 나눈 인터뷰의 내용은 이러한 잭의 심리상태를 잘 보여준다. '왜 그렇게 성적으로 비정상적인 행동을 하느냐, 왜 당신의 아버지와 꼭 같이 행동하느냐, 어째서 여성들과 진실 된 관계를 회피하느냐, 자기 분야에서 눈부신 도약을 위해 그렇게 노력하면서 왜 한편으로 스캔들에 말려들 그런 무모한 모험을 하는거냐.……한참 동안 궁리를 하더니, 마침내 어깨를 으쓱하면서 '정말 모르겠어, 그냥 어쩔 수 없다는 생각이 들어요' 하고 말하더군요. 그리고는 서글픈 표정을 짓더군요.' 다른 사람들의 생각은 잭이 그냥 '사냥' 그 자체에 흥분을 느꼈다는 것이다. '노리던 여자가 일단 손을 들어버리면 은근히 실망하는 기색이었어요. 여자들이란 별수 없는 존재라고 얕잡아 보던 자기 생각을 확인했다는 뜻이지요. 다시 새로운 사냥감을 물색할 수밖에 없다는 뜻이기도 했고요.'[25]

[25] Collier and Horowitz, *The Kennedys*, p. 214

잭이 여자 '사냥'에 그토록 열을 올렸던 또 다른 이유는 아마 죽음에 대한 강박 때문이었다. 어린 시절부터 그를 괴롭혔던 질병, 즉 애디슨병은 언제 그의 생명을 거두어갈지 알 수 없었다. 잭이 애디슨병을 앓고 있음을 밝혀낸 영국인 의사는 잭의 친구였던 한 부인에게 '부인, 저 젊은 미국인 친구는 앞으로 1년을 못 넘길 겁니다'고 말했다. 물론 잭은 그 말을 듣지 못했지만 그동안 자신이 겪어온 병력으로 볼 때 자신의 병이 완치된다는 확신을 갖지 못했던 것이 분명했다. 게다가 1947년 9월 영국 런던을 방문하고 귀국하는 길에 퀸메리호 선실에서 얼마나 심하게 앓았던지 미국 도착 후 가톨릭 사제가 선상에 올라와 임종 의식으로 성유 축성을 한 다음에야 들것에 실려 하선하는 일까지 있었다. 이듬해 여행을 앞두고 악천후로 인하여 비행기 타기가 꺼림칙한 상황에서 잭은 자신의 보좌관에게 '남은 목숨이 나 정도밖에 안 되는 사람은 상관없다'고 말하면서 누이 캐슬린과 보좌관은 기차를 타고 갈 것을 권유했다. 전기 작가 윌스(Gary Wills)는 '그칠 줄 모르고 거의 필사적이던 그의 섹스 행각은 자신을 끊임없이 괴롭혀온 망령 같은 육신의 질병 앞에서 하염없이 내지르는 아우성 같은 것이었다'고 적고 있다.[26] 잭의 친구 스팰딩(Charles Spalding)에 따르면 잭은 자신을 영국의 시인 바이런(George Gordon Byron)과 같은 사람이라고 생각했다. 왜냐하면 바이런도 육신의 장애가 있었으며 젊은 나이에 죽어가는 자

[26] Garry Wills, *The Kennedy Imprisonment: A Meditation on Power*, Boston: Little, Brown, 1981, p. 33.

신을 보았으며 여색을 탐했기 때문이었다.27)

잭이 삶의 덧없음을 느낀 또 다른 사건은 누이동생 캐슬린의 죽음이었다. 여러 형제자매 중에서 두 사람의 우애는 유별나게 돈독했다. 두 오누이에게는 모태 신앙인 가톨릭교회와 엄격한 모친에게 거역 내지는 탈피하고 싶다는 공감대가 있었다. 캐슬린이 영국 국교도인 남자와 결혼을 선언했을 때도 부모의 반대에도 불구하고 잭은 기꺼이 캐슬린의 편이 되어주었다. 캐슬린의 남편이 제2차 세계대전에서 전사한 후 오누이는 더욱 친밀해졌다. 그런 캐슬린이 1948년 5월 항공 사고로 사망한 것이었다. 이 참변으로 케네디 집안은 정신적으로 그 어느 때보다 극심한 충격에 휩싸였다. 그 중에서도 잭의 충격은 형용할 수 없이 컸다. 세월이 흐른 후에 잭은 자신의 심경을 다음과 같이 토로했다. '캐슬린이나 형 조는 한마디로 활력이 엄청났습니다. 매사를 자기가 원하는 방향으로 밀고나갔지요. 그리고 바로 그 이유 때문에 그런 불행을 당한 것이고요. 만일 건강이 좋지 않다거나 해서 그럴만한 이유가 있는 사람에게 그런 일이 닥친다면 그러려니 하겠지만, 한창 삶의 절정에 있던 사람이 갑자기 죽는 다는 것은 충격이었습니다.'28)

이처럼 잭은 또 한 명의 친밀한 가족을 뜻하지 않게 잃어버리면서 죽음에 대해 더욱 민감해졌다. 잭은 칼럼

27) Collier and Horowitz, *The Kennedys*, p. 214.

28) Burns, *John F. Kennedy*, p. 54.

니스트 올스프(Joseph Alsop)에게 자기 수명은 앞으로 길어야 10년 또는 45세를 넘기지 못할 것이라고 예측하면서 '하지만 그런 생각은 부질없는 것이지요.……그저 주어진 시간을 즐기며 최선을 다할 작정입니다'고 말하기도 했고, 보좌관들에게는 어떻게 죽어야 가장 잘 죽는 것이냐? 전쟁터에서? 추위에 얼어서? 물에 빠져서? 총에 맞아서? 혹은 극약을 먹고? 잭은 그 중에서 전사와 독극물이 마음에 든다고 말하는가 하면 '하루하루를 이 세상에서 마지막 날이라고 생각하고 살아야 해, 나는 그렇게 살고 있거든'이라고 읊조리기도 했다. 친구인 스팰딩은 당시의 잭을 이렇게 회고했다. '잭은 늘 발자국 소리를 듣고 있었습니다.……죽음이 가까이 있고, 그것은 이미 조와 캐슬린을 데려갔고, 이제 자신을 기다리고 있다.……따라서 잭은 어떠한 상황에서도 최선을 다하려고 노력했습니다.'[29]

29) Collier and Horowitz, *The Kennedys*, pp. 207~209.

잭은 자신의 육신을 괴롭히는 질병의 고통과 사랑하는 형제자매의 죽음을 겪으면서 인생의 덧없음을 뼈저리게 느끼게 되었다. 그러한 개인적인 경험으로 말미암아 그는 충동적이고 방종한 행동으로 죽음의 공포를 잊으려는 미숙함을 드러내기도 했지만, 또 한편으로는 남은 생애를 혼신의 힘을 다해 살겠다는 결의를 다졌을 뿐만 아니라 공인으로서 걸출한 업적을 남기겠다는 포부도 더욱 굳건히

했다. 아직은 정치적 경험이 부족하고 사고와 행동에서 미숙한 젊은 하원 의원이었지만, 잭에게는 미래에 대한 두려움과 불안이 거의 존재하지 않았다. 자신이 무엇을 목표로 삼든지 이제 그것은 자신과의 싸움일 뿐 자신을 막을 수 있는 것은 아무것도 없다는 신념이 자리 잡고 있었다. 잭은 자신이 잘 할 수 있고 살아 있는 동안 가장 보람을 느낄 수 있는 활동은 정치밖에 없다고 생각했다. 왜냐하면 정치야말로 가장 확실하게 자신이 원하는 방향으로 세상을 변화시킬 수 있는 거의 유일한 분야라고 확신했기 때문이었다. 초선 하원 의원으로서 의정활동을 하는 동안 잭은 좀 더 큰 자신의 정치적 포부를 펼치기 위해서는 연방 상원 의원에 진출하기로 결심하였다.

연방 상원 진출을 위한 노력

연방 상원 의원 진출은 말처럼 쉬운 일은 아니었다. 각 주에서 오직 대표 2명만을 연방 상원에 보내는 상원 의원 선거는 연방 하원 의원 선거와는 비교가 되지 않을 만큼 규모가 클 뿐만 아니라 치열한 경쟁을 통과해야 하는 자리였다. 만일 잭이 1948년 민주당 후보 지명전에서 승리할 경우 본선에서 공화당 소속의 현역 상원 의원인 살톤스톨(Leverett Saltonstall)과 경합을 벌어야 했다. 그러나 살톤스톨은 중도 성향의 의원으로서 매우 인기가 높았으므로 아직 잭이 상대하기에는 어려웠다. 그런 연유로 잭은 연방 상원 진출 대신에 주지사 출마를 고려하기 시작했다. 전초전으로 잭은 매주 3~4일 정도를 매사추세츠 주에서 많은 시민들에게 정견발표도 하고 자신의 이름도 알리는 노력을 시작했다.

1946년 5월 30일 메모리얼 데이에 첫 번째 연방 하원 의원에 도전하여 선거 유세 장면. 잭은 이때부터 1960년 대통령에 당선되기까지 계속 승승장구한다.

그러나 매주 워싱턴과 매사추세츠 주를 오가면서 행했던

순회 유세는 엄청난 에너지를 요하는 일이었다. 건강에 문제가 많은 잭에게 그런 일정은 특히 그러했다. 그러나 그는 불평한마디 없이 정해진 일정을 소화했다. 그가 고위 선출직에 오르고자 하는 의지가 얼마나 강했던가를 잘 보여주는 사례이다. 일단 워싱턴에서 보스턴으로 올 때에는 비행기를 이용했지만 유세 일정을 마치고 워싱턴으로 돌아갈 때에는 침대가 있는 열차를 이용하곤 했다. 보스턴에 도착하면 자동차로 순회 유세를 벌이는데 매사추세츠 주의 39개 도시와 312개 읍을 두루 돌아야 하는 강행군이었다. 동틀 무렵에 시작해서 자정까지 하루 동안에 만나는 사람들도 다양했다. 교회 친목회원, 사교클럽 회원, 동창회 사람들, 재향군인회, 여성 단체, 소방대원 등등 온갖 종류의 단체와 사람들을 만나야 했다.

잭은 1944년 허리 수술을 받았음에도 불구하고 계속 허리 아래쪽의 통증과 경련으로 고통스러워했다. 잭은 하루 일정이 끝나면 자동차 뒷좌석에 몸을 기댄 채 고통을 참느라 눈을 감고 있기 일쑤였다. 숙소에 도착해서는 목발에 의지해 계단을 올라갔고, 한 시간 동안 뜨거운 물에 찜질을 한 후에야 잠자리에 들곤 했다. 그러면서도 잭은 친구이자 보좌관이었던 파워스(David Powers)에게 아직 방문하지 않은 지역을 빠짐없이 체크할 것을 주문했고, 아파트 거실에 붙여 놓은 매사추세츠 주의 지도에 방문 예정 날짜를 적어 넣으라고 채근했다. 그는 지도를 가리키면서 '우리가 이 지도 위에 있는 모든 지역의 방문을 마치는 날 나는 주지사 출마를 선언하는 거야'라고 하면서 투지를 불태웠다.

잭은 여전히 정치가라기보다는 잘 생긴 청년처럼 보인다. 조 주니어와 여동생 캐슬린은 이미 죽었고, 로즈마리는 요양원에 있고, 나머지 육남매와 부모가 한 자리에 모였다(1948년).

그러나 선거를 5개월 앞둔 1948년 6월에 행해진 비공개 여론조사의 결과는 잭이 주지사나 연방 상원 의원에 출마하기에는 때가 아직 이르다는 점을 나타냈다. 조사 결과는 잭이 공화당 소속 현 주지사 브래드포드(Robert F. Bradford)와 경합할 경우 39.8퍼센트 대 43.3퍼센트로 패한다는 것이었다. 선거일이 아직 5개월이나 남은 시점에서 이러한 격차가 그렇게 크다고 할 수 없을지 몰라도 잭의 생각은 달랐다. 그는 단지 숫자상으로 드러난 차이는 그렇게 크지 않지만 매사추세츠 유권자들에게 자신이 주지사감이라는 확신을 심어주지 못했다고 여겼다. 아직 때가 무르익지 않았다고 본 것이다. 일단 이미 떼어 놓은 당상인 하원 의원을 한 번 더 연임한 후에 다시 기회를 만드는 것이 순리라고 생각했다. 그의 예상대로 하원 의원 선거는 경쟁자 없이 단독 출마해서 손쉽게 당선되었다. 이제 잭은 1952년 상원 의원 혹은 주지사 선거를 염두에 두고 모든 계획을 거기에 맞추어서 실행할 예정이었다.

어디에서나 선거는 자금과 조직이 당락의 중요한 변수로 작용하지만, 당시 매사추세츠 주 정치 무대의 현황을 분석해 볼 때 자금과 전략, 그리고 조직이 결정적인 변수라고 잭은 확신했다. 부친의 재력 덕분에 자금 걱정은 전혀 없었다. 풍부한 자금을 동원하여 전략과 조직을 잘 가동한다면 충분히 승산이 있는 게임이었다. 잭이 보기에 1952년 선거 운동의 전략은 국내 정치에 대한 정책보다도 국외 정치, 즉 외교정책을 거론하는 것이었다. 주지하다시피 당시는 냉전이 맹위를 떨치던 시절이었다. 1917년 러시아가 공산화된 이후에 공산주의에 대한 두려움이 미국 전역에 전염병처럼 퍼지기 시작했고, 제2차 세계대전 이후에 트루먼 행정부는 소련의 팽창을 저지하기 위한 봉쇄정책을 시행하면서 미-소 냉전이 국제 정치의 환경이 되었다. 미국인들의 눈에 공산주의는 자신의 삶을 파괴하는 전염병으로 보였기 때문에 자본주의 국가의 리더인 미국이 공산주의 국가의 맹주인 소련을 두려워하고 견제하는 것은 당연한 일이었다.

잭이 외교정책을 선거운동 전략으로 선택한 것은 이러한 미국인의 정서를 정확히 꿰뚫은 매우 선견지명이 있는 결정이었다. 교육, 재향 군인 주택, 실업, 노동, 보건과 의료, 세금 등 국내 문제들도 하나 같이 중요한 사안들이었지만 이것은 그동안 잭이 초선 의원 시절에 누누이 거론해온 것들이었고 당시의 상황에서 대중의 관심을 크게 불러일으킬 만큼 자극적이지 않다는 것이 잭의 판단이었다. 그가 보기에 1952년의 주지사나 상원 의원 선거전에서 여론의 호응을 얻으면서 자극이 될 만한 사안은 미국의 외교정책이고 그중에서도 반공 정서에 초점을 맞추는 것이었다. 사실 외교정책은 중앙정부 소관 사항이고 주지사가 간여할 문제가 아니었지만 당시의 공산주의에 대한 미국 국민의 혐오감과 두려움은 그러한 구분과 판단을 무의미하게 할 만큼 강렬

했다. 또한 연방 상원으로 진출할 경우에 외교정책은 매우 중요한 정책 사안인 만큼 잭은 선거전에서 외교정책이야말로 가장 탁월한 전략이라고 확신했다.

따라서 잭은 선거운동의 요체로 외교문제와 반공을 초지일관 견지했다. 그 과정에서 그는 민주당도 공화당도 아닌 국가와 국민의 이익이라는 기준을 내세우면서 자신의 정체성을 정립해 갔다. 그는 자신의 생각을 요약한 개념으로서 '아메리카니즘'이라는 용어를 사용하기 시작했다. 사실 이 용어는 반공이라는 개념을 다른 말로 표현한 것에 지나지 않았지만 미국인들의 마음속에 남을 만한 구호였다. 왜냐하면 1949년 당시 미국 국민의 83퍼센트가 공산주의자를 법무부 당국에 등록시키자는 데 찬성했고, 또 전 국민의 87퍼센트가 공산주의자의 방위산업체 취업 기회를 박탈하는 데 찬성했던 상황에서 이러한 잭의 반공 전략은 유권자들의 관심을 끌 수밖에 없었다. 잭이 시종일관 견지한 견해는 공산주의 세력의 확산에 대항하여 서방을 수호하자는 것이었다.

그러나 그의 반공주의 노선이 지나치게 편향되거나 현실을 왜곡하는 경우도 종종 있었다. 1949년 중국이 공산화되자 그는 극동 지역 외교정책이 실패로 끝난 책임은 분명 백악관과 국무부에 있음을 질책하면서 국공 합작 정권 아니면 군사원조를 제공하지 않겠다던 미국의 방침 때문에 국민당 세력이 공산주의 세력인 마오쩌둥에게 패했다고 흥분을 감추지 못하였다.30) 즉 그는 중국이 공산화된 데에는 중국인들보다 미국의 책임이 더 크다고 확신하고 있었다. 그러나 주지하다시피 국민당의 장제스 정권은 미국의 엄청난 원조에도 불구하고 부패와 비능률로 인하여 마오쩌둥의 공산주의 군대에게 일방적으로 밀리고 있었고, 대부분 중국인들의 민심은 이미 부패와 착취를 일삼는 장제스 정권에 등을 돌린지 오래였다. 중국의 공산화에 대한 케네디의 판단과 비난은 사실에 근거한 냉정함을 잃어버린 이데올로기적인 편협함을 드러낸 하나의 예이다. 그는 연방 하원과 상원 시절에 유독 공산주의에 관해서 종종 이러한 과민 반응과 편협함을 드러냈는데, 그 배경에는 꼭 그가 현실을 몰랐거나 잘못 파악해서라기보다는 오히려 당시의 반공 분위기에 편승하여 정치적 이득과 표를 얻으려는 의도가 작용한 것으로 보는 것이 더 타당하다.

이러한 잭의 의도는 그가 백악관을 공격한 시점이 트루먼이 1948년 대선에서 압도적 승리를 거두고 정치적 주도권을 확고히 장악한 이후에 시작되었다는 점에서도 잘 드러난다. 잭은 시비가 분명한 사안을 놓고 자당 소속의 우두머리인 대통령과 대립하는 것처럼 보이는 것이야말로 유권자들에게 자신의 존재를 크게 부각시킬 수 있는 좋은 기회

30) JFK, "Our Foreign Policy in Connection with China," Jan. 29, 1949 ; "China-Statement," Feb. 21, 1939, Congressional Record, 81st Congress, 1st Session.

라고 여겼다. 1950년 한국전쟁은 그에게 좋은 기회를 제공했다. 전쟁 초기 미국이 패퇴하자 그는 행정부에 대한 공격의 수위를 높이기 시작했다. 그는 1950년 여름 미국이 한국전쟁에서 연이어 패배한 것은 '우리의 방어 준비의 부적절한 상태와 우리의 군대와 무기가 위험스러울 정도로 수준 미달임'을 드러내는 경우라고 행정부를 질타했다.31) 잭은 또한 트루먼을 직접 공격하는 방식을 택했다. 트루먼은 아시아에서 뿐만 아니라 유럽에서도 미국의 이익을 보호할 방책을 갖추는 데 실패했다는 것이다. 그는 미국은 한국에서 공산주의를 패퇴시킬 충분한 병력을 갖고 있지 못하고, 유럽에서도 소련은 80개 사단 병력을 보유하고 있는 반면 신생 나토군은 12개 사단만을 보유한 상황이기 때문에 서유럽을 지킬 수 없다고 공격하였다.32)

31) JFK, Speech, n.d, Box 7, Personal Papers(이후 PP로 약칭함), JFKL.

32) JFK, Remarks, Aug. 25, 1950, Congressional Record, 81st Congress, 2nd Session.

잭의 이러한 공격은 당시의 여론을 충실히 반영하고 있었다. 한국전쟁 이후에 트루먼의 국정수행 지지도는 급격하게 하락세로 돌아섰고 한국전쟁에 중국군이 개입했던 1950년 11월에는 약 71퍼센트의 미국 국민이 트루먼의 전쟁 개입에 반대하는 입장을 보였다. 이러한 상황에서 잭은 같은 달 하버드대학교 행정대학원에서 열린 한 세미나에 참석하여 당시의 주요 이슈와 인물들에 대하여 솔직하게 토론할 기회가 있었다. 그 자리에서 그는 투르먼이 거부권을 행사했던 맥카란 법(McCarran Act, 국가 비상시에 공산주의자와 공산주의를 표방한 단체의 등록을 의무화하고 그들의 억류를 규정한 법)에 자신은 찬성표를 던졌다고 말하면서 미국 정부 내 공산주의자들과 싸우기 위한 조치가 매우 부족한 실정이라고 불만을 터트렸다. 그는 또 외교정책에 있어서 대통령과 국무장관의 지도력을 크게 중요하게 보지 않는다고 밝혔다.[33] 그의 이러한 의사 표명은 지나치게 정치적 의도를 드러낸 성숙하지 못한 처사였다. 맥카란 법안은 시행과정에서 얼마든지 정치적으로 악용될 소지가 많은 매우 비민주적인 독소조항을 갖고 있는 법이었다. 공산주의자들을 색출해낸다는 명분하에 정적을 탄압할 수도 있고, 애꿎은 사람들을 공산주의자로 몰아 처벌할 수도 있는 그야말로 헌정질서를 어지럽힐 수 있는 위험한 법률이었던 것이다. 아무리 반공주의가 시대적 흐름이라고 하더라도 민주주의를 신봉하는 정치가라면 결코 찬성할 수 없는 법안인 것이다. 그런데 잭은 그런 법에 찬성표를 던졌노라고 자랑스럽게 말하고 있는 것이다. 또한 그는 민주당 소속 하원 의원으로서 자당 소속 정부의 수반과 각료를 비판하는 데 도가 지나쳤다고 볼 수 있다. 그들의 정책과 권력남용을 비판하는 것은 당연하다고 볼 수 있으나 엄연히 헌법과 법률로 보장된 대통령과

---

33) John P. Mallan, "Massachusetts: Liberal and Corrupt," *New Republic*, Oct. 13, 1952.

국무장관의 권한까지 인정하지 않는 자세는 분명 성숙한 정치가의 태도라고 볼 수 없는 측면이 있었던 것이다.

잭의 이와 같은 태도는 당시 많은 정치가들의 행동과 처신이기도 했다. 1950년 초 위스콘신 주 공화당 소속 연방 상원 의원인 매카시(Joseph McCarthy)는 루스벨트와 트루먼 행정부의 관리들 가운데 체제전복을 꾀하는 자들이 광범위하게 퍼져있다는 진위가 확인되지 않은 주장을 제기함으로써 논란을 불러일으켰다. 잭은 그런 매카시에 대하여 진위 여부에 관계없이 그의 반공주의 노선을 높이 평가하였다. 동료 하원 의원이었던 닉슨(Richard Nixon)의 강경 반공주의 노선에 대해서도 잭은 매우 우호적이었다. 두 사람은 임기 동안 약간의 교분도 쌓았다. 잭은 닉슨이 1950년 캘리포니아 연방 상원 의원 선거에서 진보적인 민주당의 더글러스(Helen G. Douglas)를 이긴 것에 대하여 매우 기뻐하였다. 반공주의라는 이념에 사로잡혀 정치적 도의나 정당원으로서의 책무, 혹은 도덕적 판단 등을 후순위로 미루는 다소 어처구니없는 정치가들 속에 잭도 동참하고 있었던 것이다.

당시 미국인들은 매카시의 주장대로 정부 내의 체제전복자들 때문에 미국이 냉전에서 패할지도 모른다는 두려움을 갖고 있었다. 이러한 두려움은 선량한 시민들의 시민권을 제약하자는 주장에 대하여 동조하는 분위기를 만들어 냈고, 트루먼처럼 매카시를 '증거도 없이 무작정 사람들을 고발하는 시끄러운 존재'라고 비난하는 이유 있는 비판에 대해서 사람들은 별로 귀를 기울이지 않았다. 오히려 잭처럼 매카시의 주장을 액면 그대로 믿는 선동가들이나 정치가들이 대중에게 신뢰받는 지경에 이르렀다. 잭은 미국적인 자유를 가로막는 공산주의의 득세를 두려워했고, 그것을 막기 위해서는 일시적으로 반대자들을 억압할 수 있다고 생각했다. 잭이 이렇게 위험한 발상까지 하게 된 데에는 매사추세츠 주에서 정치적으로 빠르게 성장하여 전국적으로 이름을 드높이는 정치인이 되고자 하는 성마름이 무엇보다도 주요 요인으로 작용했다. 그러나 2년도 채 안돼서 매카시와 같이 극우적인 정객들의 정체가 조금씩 의심받기 시작하자 잭은 자신의 이러한 행동을 극구 부인하고 감추려고 애썼다. 그러면서도 한편으로는 지속적으로 반공 분위기에 편승해 정치적 이득을 꾀하려고 노력했다. 트루먼 대통령이나 행정부와 자신과의 정책적 차이를 분명히 피력함으로써 매사추세츠 주에서 자신의 정치적 위상을 높이려는 심산이었다.

잭이 매카시와 다른 점이 있다면 그것은 현실적 근거에 바탕을 둔 반공주의였다는 점이다. 즉 매카시처럼 마녀사냥 하듯이 반대파들을 덮어놓고 공산주의자로 몰아세우지는 않았다는 것이다. 그런 점에서 잭은 반공주의적 분위기에 편승하여 무작정 정치적 이익을 취한 여타의 많은 정치인들과는 달리 어느 정도 정치적 절제력을 발휘함으로써 현실감각을 유지했던 것이다. 그의 현실감각은 한정된 미국의 자원을 갖고 어떻게 소련을 방어할 수 있을 것인가의 논의에서 잘 드러났다. 그는 서유럽이 미국의 가장 중요한 방어선이라고 믿었다. 유럽 방어에 필요한 사항을 정확히 파악하기 위해 잭은 1951년 1월부터 2월 두 달 동안 영국에서 유고슬라비아까지 직접 답사했다. 답사를 마친 후 연방 상원 외교군사위원회에 출석하여 방문 결과를 보고하는 자리에서 매우 침착하고 분석적인 발언을 했다. 그의 발언 요지는 이랬다. 핵폭탄이 전쟁 억지력 구실을 하고 있으므로 소련이 서유럽을 침공하지 않을 것이라는 점. 설령 소련이 서유럽을 침공해서 점령한다 하더라도 서유럽을 먹여 살려야 하는 엄청난 난제에 봉착하게 되고 최악의 경우에는 미국으로부터 원자탄세례를 받을 것이라는 점. 현재 동아시아에서 소련의 정책이 잘 먹히고 있는 마당에 무모하게 유럽에서 분쟁을 일으키지 않을 것이라는 점 등을 조목조목 짚으면서 세계정세에 대한 균형감각과 통찰력을 과시했다. 잭은 또 군사력 증강을 촉구했다. 미국은 양차 세계대전 때처럼 좋든 싫든 어떤 식으로든 유럽의 분쟁에 말려들 가능성이 있기 때문에 미국뿐만 아니라 유럽에서도 군사력 증강은 필요하다고 역설하였다. 그러나 그는 유럽의 방어를 미국의 군사력에만 의존하는 방식은 반대했다. 유럽의 동맹들이 미국과 분담을 하지 않는다면 그것은 형평에 어긋나는 것이며 결국 미국 경제가 과도한 부담을 떠안는 사태가 올 것이라고 내다봤다.[34] 케네디의 이러한 모습은 예전에 외교정책과 관련하여 대통령과 행정부를 비난하면서 과장된 언사를 하던 것과는 사뭇 다른 면모였다. 잭이 아직 30대 초반의 젊은 정치인이라는 점을 감안한다면 좀 더 많은 성장과 발전을 기대할 수 있는 모습이었다.

34) JFK, Statement before Senate committees, Feb. 22, 1951, Box 95, PPP, JFKL.

잭이 이처럼 대외 문제에 적극적인 자세를 갖는 이유는 앞에서도 언급했듯이 1952년 선거운동과 관련해 매우 중요한 전략이라고 판단했기 때문이었다. 따라서 그의 외교정책에 관한 관심은 서유럽에만 국한되지는 않았다. 중동과 아시아 지역에 대해서도 상당한 관심을 갖고 있었다. 1951년 4월 보스턴의 한 단체에서 행한 연설에서 잭은 중동과 아시아에 대하여 연설하면서 이 지역이 소련에 이용당할 수 있음을 염려하였다. 그는 이 지역의 강렬한 민족주의 정서가 주로 서방의 식민주의정책에 대항하고 있음을 상기시키면서 소련이 이 지역을 장악하려고 한다면서 미국은 소련에 대항하기 위하여 뭔가 행동을 해야 하는데 자칫 미국의 정책이 신제국주의로 오해받지 않도록 주의해야 하며 재정적 부담을 불러일으키지 않는 선에서 이 지역에 비군사적인 조치를 취해야 함을 촉구하였다. 잭이 보기에 이 지역을 반공주의 지역으로 만들기 위해서는 단순히 반공만을 외칠 것이 아니라 무엇인가 이 지역의 주민들이 매력을 느낄 만한 정책을 제시해야 한다는 것이다. 소위 제3세계에서 공산주의가 확산되는 이유는 민주주의에 대한 대중들의 확신이 없기 때문이므로 이 지역에서 민주주의 체제의 우월성과 민주주의가 그들의 생활을 향상시킬 수 있다는 확신을 심어준다면 공산주의는 소멸될 것이라고 그는 역설하였다.[35] 그러나 미국이 어떻게 이 지역에 민주주의 체제를 이식시킬 것인지에 대한 구체적인 언급은 하지 않았다. 경제적 발전 없이 민주주의 체제가 정착되기는 불가능하다는 것을 잭도 잘 알고 있을 것이지만 이것은 미국의 재정 부담과 직결되는 것인 만큼 그로서도 섣불리 주장할 수 없는 사안이었을 것이다. 다만 원론적인 수준의 담론만을 언급함으로써 자신이 유럽 이외의 지역도 염두에 두고 있음을 유권자들에게 알리는 것으로 만족하였다.

35) JFK, Speech, April, 21, 1951, Box 95, PPP, JFKL.

그러나 잭은 같은 해 가을 중동과 아시아의 상황을 직접 체험하기 위해 동생 로버트와 누이 패트리샤를 데리고 일주일 여정으로 이스라엘, 이란, 파키스탄, 인도, 싱가포르, 타이, 프랑스령 인도차이나(베트남, 캄보디아, 라오스), 한국, 일본 등지를 여행하였다. '나는 중동과 극동에서 우리 정책의 실효성과 비효율성을 직접 경험하고 싶었습니다. 그 나라 국민들이 우리와 우리의 정책을 어떻게 평가하고 있는지, 나와 여러분이 평화라는 대의를 진전시키기 위하여 우리의 능력 범위 안에서 무엇을 할 수 있는지 알고 싶었습니다'라고 귀국 후 전국에 방송되는 라디오 프로그램에 출연하여 자신이 했던 여행의 목적을 밝혔다.[36] 이 여행에서 그는 미국의 외교관들뿐만 아니라 현지의 다양한 지도자들을 만나서 국제정치에 대한 폭넓은 논의를 할 수 있는 기회를 가졌다. 국제정치에 대한 그의 안목은 한층 넓어졌고, 특히 미국의 제3세계정책에 관하여 많은 사고를 할 수 있었다. 그가 라디오 방송에서 밝힌 발언은 해외 순방을 마치고 미국의 외교정책과 제3세계에 대하여 얼마나 많은 생각을 가다듬었는지 알 수 있다. '극동뿐만 아니라 중동 지역을 경험한 결과 공산주의는 단지 군사적 힘만으로 효과적으로 저지될 수 없다는 사실을 절실히 깨달았습니다. 우리의 중동 정책의 핵심은 무기의 수출이나 무력의 과시가 아니라 사상과 기술의 수출 그리고 자유롭고 싶어 하는 인간의 욕구에 대한 우리의 오래된 공감과 이해

---

[36] JFK, Radio Broadcast, Nov. 14, 1951, Box 102, PPP, JFKL.

에 바탕을 두어야 합니다.'

 1951년 가을 무렵이 되면서 잭은 매사추세츠 주에서 자신의 인지도를 높이기 위해서 목표로 삼았던 바를 어느 정도 이루었다고 생각했다. 이제부터는 무턱대고 인지도만 높일 것이 아니라 목표를 분명하게 정해야 했다. 즉 주지사로 나설 것인지 아니면 연방 상원 의원에 도전할 것인지 결정하는 일이었다. 잭은 주지사보다도 상원 의원 쪽에 마음이 더 쏠렸다. 그가 보기에 주지사는 권한부터 제약이 있었다. 주지사는 대개의 경우 반대당이 장악한 주의회를 상대해야 하고 그들의 견제 속에 자신의 정책을 일관성 있게 밀고 나간다는 것이 쉽지 않으며 그 결과 끊임없이 타협과 협상을 계속해야 하는 자리라고 잭은 생각했다. 게다가 주지사 직위는 주 최고의 행정권을 장악하는 직책이기는 하지만 각종 이권과 청탁 등 유권자들의 요구와 불만에 시달려야 하는 복잡한 자리여서 잭의 스타일에 잘 부합되지도 않는 자리였다. 잭은 권력 지향적이기는 했지만 그 권력을 소소하게 자신의 이해집단과 내부 지지자들과 나누어 먹는 식의 권력행사는 극도로 경계하는 성향을 갖고 있었다. 그는 뼈아픈 전쟁의 경험을 통하여 전쟁 없는 평화로운 사회가 얼마나 소중한 것인가를 절실히 체험한 후 그러한 사회의 건설이라는 이상을 실현하는 데 정치가 가장 효율적인 직업이라고 여겨서 정계에 진출한 사람이었다. 이제 겨우 하원 의원 두 번째 임기를 소화하고 있는 젊음과 패기가 넘치는 그에게 권력의 사사로운 행사는 거의 생각조차 할 수 없는 관념이었다. 그는 모든 권력은 인민으로부터 나오므로 공권력이 사사로이 사용되어서는 안 된다는 나름대로의 확고한 정치철학을 갖고 있었다. 아직은 그러한 철학이 흔들릴 시기가 아니었다. 오히려 자신의 정치철학을 더욱 유권자들에게 알림으로써 자신은 구태의연한 낡은 정치적 사고를 가진 구정치인들과는 다른 인물이며 새로운 바람을 불러 일으켜 정직하고 평화로운 기풍을 진작할 수 있는 차세대 지도자임을 부각하는 데 심혈을 기울였다.

잭이 보기에 자신의 정치적 스타일과 이상 그리고 장래를 고려해 볼 때 주지사보다는 연방 상원 의원으로 진출하는 것이 당연한 수순이라고 생각했다. 부친 조셉도 잭이 상원에 진출하는 것이 중앙 정계에서 빠른 성장에 도움이 될 것이라고 생각했다. 문제는 매사추세츠 주에 버티고 있는 3선의 현직 상원 의원인 헨리 캐봇 로지(Henry Cabot Lodge)였다. 로지는 아무리 명성이 자자한 케네디 집안이라 하더라도 상대하기 버거운 정치가였다. 로지 가문은 선대부터 매사추세츠 주에서 최고의 명문가로서 탄탄한 지위를 갖고 있을 뿐만 아니라 정·재계에서 케네디 가문보다 훨씬 광범위한 지지층을 갖고 있는 유서 깊은 명문가였다. 현직 상원 의원인 로지도 매사추세츠 주에서는 도전 상대가 없을 정도로 압도적인 지지로 내리 3선에 당선된 거물 정치인이었다. 그러나 1940년대와 1950년대의 두 집안을 비교해 본다면 정치적 명성에서는 로지 가문이 앞설지 모르지만 재력에 있어서는 부친 조셉의 성공으로 인하여 압도적으로 케네디 가문이 우세한 형편이었다. 즉 붙어볼만한 싸움이었다. 정치적 관록 대 재력을 앞세운 도전. 조셉과 잭 부자는 본능적으로 이 싸움에서 이긴다면 승승장구의 정치적 미래가 기다리고 있음을 알아차렸다. 정계에 진출한지 겨우 4년 된 신출내기 연방 하원 의원이 3선에 빛나는 거물 상원 의원과 맞붙어 승리한다면 이것은 전국적인 빅뉴스가 될 것이고 케네디의 인지도와 호감은 천정부지로 치솟을 것이기 때문이다. 대중들은 엄청난 재력을 동원해서 이겼다는 사실은 잊을 것이고 승리했다는 사실만 오래도록 기억할 것이기 때문에 잭의 정치적 자산은 하루아침에 헤아릴 수 없을 정도로 커질 전망이었다. 만일 이 싸움에서 진다고 해도 엄청난 선거비용의 손실을 제외하면 잭에게 정치적 부담은 그리 크지 않았다. 돈이야 부친의 수천만 달러 재산에서 일부를 날린 셈이니 크게 문제될 것이 없고 젊고 참신한 이미지를 앞세워 다음을 기약해도 얼마든지 가능한 일이기 때문이었다. 그러나 승부에서 내일은 없는 법. 조셉은 무슨 수를 쓰더라도 이번 승부에서 이길 심산이었다.

조셉은 일단 현재 여론의 동향과 상황을 면밀히 파악한 후 전략을 세우기로 했다. 매사추세츠 실정에 밝은 정치 소식통들을 동원하여 얻은 결론은 승률이 반반이라는 것이었다. 조셉은 로지를 상대로 한 선거전이 잭의 정치 인생에서 가장 치열하고 힘든 싸움이 될 것이라고 예상했다. 조셉은 한 측근에게 '우리는 로지를 패배시킬 수 있어. 만일 승리한다면 잭은 미국 대통령 후보로 지명 받아서 당선될 거야'라고 투지를 불태웠다. 잭의 보스턴 사무실을 운영했던 모리시(Frank Morrissey)에 따르면 조셉은 잭에게 '내가 너를 대통령에 당선시킬 대책을 수립할거야. 대통령에 당선되는 것이 로지를 상대로 승리하는 것보다 더 쉬울게야'라고 전투의 어려움을 예상하면서도 결코 물러서지 않을 것임을 분명히 했다.[37] 잭도 부친 못지않게 투지를 불태웠다. 잭의 한 친구의 회고에 따르면 '어디론가 가야한다면 로지와 같은 거물을 패배시켜야 한다. 하원에 있을 만큼 있었다. 이제 앞으로 전진 할 때가 되었다. 그럴 것이라면 이번이 좋은 기회다'라고 잭은 생각했다.[38]

예상대로 선거전은 힘겹고 뜨거웠다. 1946년 잭이 연방

---

[37] Edward M. Kennedy, *Fruitful Bough*, Privately published, 1969, p. 237.

[38] Charles Spalding OH. Dallek, *An Unfinished Life: John F. Kennedy, 1917~1963*, p. 169에서 재인용.

하원 의원에 도전했을 때처럼 선거전의 우두머리는 부친 조셉이었다. 조셉은 보스턴에 있는 잭의 거처 인근에 안락한 아파트를 한 채 구입하여 그곳에서 직접 선거전을 진두지휘했다. 그는 다른 모든 일을 제처 두고 선거운동에 전념했다. 거기서 그는 선거운동 경비와 홍보, 선전, 연설문, 정책 등의 선거 업무를 총괄 감독했다. 당시 함께 일했던 사람의 회고에 의하면 조셉은 밤낮없이 사람들과 협의하고 토론하고 조정하면서 모든 사안을 신중하면서도 단호하게 진척시켜나갔다.39) 1946년 때와 마찬가지로 조셉은 잭의 당선을 위하여 돈을 엄청나게 쏟아 부었다. 후보자 본인은 선거 비용으로 2만 달러 이상 지출할 수 없었고, 개별 후원금도 규정상 1,000달러가 상한선이었다. 그러나 주당(州黨) 차원에서 격려를 위해 소속 후보자에게 자금을 간접적으로 지원하는 것은 전혀 문제가 되지 않았다. 또 특정 후보를 위해 후원회나 위원회를 조직할 수 있었는데 이것의 수는 제한이 없었고 각 위원회나 후원회에 1,000달러씩 기부할 수 있었다. 조셉은 이러한 규정을 활용하여 수많은 위원회를 조직하여 운영했으며 그러한 방식으로 그가 쏟아 부은 자금은 수백만 달러에 이르렀다. 매사추세츠 주 공화당이 로지를 후원하기 위해 지출한 액수는 100만 달러였으나, 조셉이 지출한 액수와는 비교할 바가 아니었다. 조셉은

39) Martin and Plaut, *Front Runner, Dark Horse*, p. 161.

그 많은 돈을 옥외 게시판과 신문, 라디오, 텔레비전 광고에 썼으며 잭이 주 전역을 돌면서 펼친 유세비용으로 소모했다. 또 다수의 지역구별 선거운동 사무실을 운영하는 비용, 우편물 발송과 전화, 선거운동부대 운용에 필요한 비용으로도 사용하였다. 숱한 여성 유권자들을 매료시킨 다과회와 연회를 치르는 엄청난 비용도 모두 조셉의 선거 자금의 일부였다. 한 시사 해설가는 '광고에 들인 돈만 갖고도 여생을 편히 살 수 있을 텐데'라고 읊조렸고, 아이젠하워(Dwight Eisenhower, 제34대 미국대통령)는 후에 '캐봇은 완전히 돈에 압도당했어'라고 로지의 패인을 분석하였다. 로지도 '금전을 살포해대는 케네디를 따라잡을 방도가 없었다'고 돈 선거의 위력에 분통을 터트렸다.[40]

40) Martin and Plaut, *Front Runner, Dark Horse*, pp. 182~183.

1951년 상원 의원 선거에서 잭에게 특별한 점이 있다면 동생 로버트와의 정치적 만남이었다. 부친 조셉의 영향력과 자금력은 이미 그 이전부터 잭의 최대의 정치적 자산이었고, 예상대로 이번 선거에서도 어김없이 당선에 결정적인 역할을 했지만, 동생 로버트의 등장은 잭의 정치적 앞날에 매우 중요하고 고무적인 사건이었다. 잭과 로버트는 여덟 살이라는 나이 차 때문에 어렸을 때부터 친밀하게 지내기 힘든 상황이었다. 잭이 로버트를 이해하기 시작한 것은 1951년 가을 중동·아시아 순방길에 동행했을 때였다. 로버트는 해군 복무를 마친 후 1946년 잭의 선거운동을 잠시 거들다가 1948년 하버드를 졸업했다. 학점이 별로 좋지 않아 가까스로 버지니아대학교 법과대학원에 입학했으나 졸업할 때에는 우수한 성적을 기록했다. 졸업 후 법무부 소속 변호사로 재직하면서 잭과는 다른 길을 가고 있는 중이었다. 그러던 중 부친 조셉이 잭에게 동생에 대하여 좀 신경을 쓰라는 충고와 잔소리를 해대자 잭은 마지못해 1951년 중동 순방길에 여동생 패트리샤와 함께 로버트를 동행시켰다. 잭은 동생과 별로 소통이 없었기 때문에 로버트가 침울한 표정에 무뚝뚝하고 말수가 적은 성격의 소유자라고 느끼고 있었다. 부친의 잔소리 때문에 동행을 허락하기는 했지만 별로 큰 기대는 하지 않고 그저 말썽만 피우지 않기를 바라는 마음이었다. 그러나 잭의 예상은 완전히 빗나갔다. 로버트는 생각보다 밝았고 스스럼없이 농담을 주고받으면서 객관적이고 현실적인 관심을 유지하려고 노력했다. 잭은 아우를 다시 보기 시작했고, 어느 정도 존중심도 갖게 되었다. 로버트는 방문 기간 중에 잭에게 '해당 국가 정부보다는 오히려 국민과 공감대를 형성하는 것이 더 중요하다'고 강조하면서 '정부는 과도적이고 일시적'이라는 점을 형 잭에게 누누이 상기시켰다. 잭은 로버트의 현실적이고 날카로운 감각이 장차 정치적 도전과 전장에서

큰 도움이 될 수 있겠다고 생각하기 시작했다.[41]

[41] Arthur Schlesinger Jr., *Robert Kennedy and His Times*, Boston: Houghton Mifflin, 1978, pp. 60-93.

로버트를 1951년 잭의 상원 의원 선거전에 끌어들인 사람은 로버트의 친구이자 잭의 핵심 측근 자문역을 수행하고 있었던 오도넬(Kenneth O'Donnell)이었다. 자신이 참여하면 선거가 엉망이 될 것이라면서 한사코 발뺌을 하던 로버트를 향하여 오도넬은 '자네가 없어서 지금 선거전이 완벽한 파국으로 치닫고 있다'고 경고를 거듭하여 결국 로버트의 참여를 이끌어 냈다. 일단 선거전에 참여하자 로버트는 그 누구보다도 헌신적이었다. 하루에 열여덟 시간을 일하면서 선거운동 조직을 관리했다. 그는 선거운동 조직이 주 전역에 실핏줄처럼 연결될 수 있도록 편제했고, 잭이 싫어하거나 꺼리는 일을 도맡아 처리했다. 잭의 동생이라는 위치는 골치 아픈 일이나 복잡한 일을 처리할 때 형을 대리할 수 있는 좋은 방패막이가 되었다. 한번은 선거운동에 한창 열을 올리고 있던 중 민주당 소속 현직 주지사이면서 3선을 향해 뛰고 있는 폴 디버(Paul Dever) 조직이 열세에 몰리자 실효성 높은 선거운동을 펼치던 케네디 진영과 전력을 합치자는 제안을 해왔다. 이러한 제안은 후보자가 직접 나서서 처리하기는 몹시 곤란한 사안이었다. 현재 잘 나가고 있는 선거운동을 열세에 몰린 주지사 후보자와 연합한다는 것은 동반 낙선할 수도 있는 도저히 받아들일 수 없는 제안이었지만, 같은 당 소속으로서 드러내 놓고 거부할 수도 없는 사안이었다. 잭은 아우 로버트에게 적절히 잘 처리할 것을 지시했다. 로버트는 디버를 직접 상대하여 그로부터 욕을 먹어 가면서도 그 제안을 단호히 거절했다. 결국 디버는 낙선했지만 로버트로서는 형의 당선을 위하여 어쩔 수 없는 선택을 한 것이었다.

선거전은 정책 대결이라기보다는 인물과 조직의 대결이었다. 그럴 수밖에 없었던 이유는 잭이나 로지 모두 주요 정치 현안에 대한 공약이 대개 엇비슷했기 때문이었다. 두 후보 모두 외교정책에 있어서는 봉쇄정책(1940년대 중반 이후 소련의 공산주의 팽창을 막기 위해 미국이 선택한 외교정책)을 지지했고, 국내 정치에서는 모두 보수적인 경향을 가졌지만 자유주의적 개혁 진영과도 어느 정도 소통을 하면서 사안별로 그들의 정책을 지지하기도 했다. 특히 노동조합에 호의적이었고, 균형적인 연방예산을 지지하는 입장이었다. 따라서 선거전은 자연스럽게 정책보다는 인물에 더 좌우되었다. 인물이라면 케네디가 로지에게 뒤질 것이 없었다. 젊고 잘생긴데다가 부유한 가문과 명문대학교 출신이며, 전쟁영웅이기도 하고, 유머와 매력이 넘치는 성격 등 나무랄 데 없는 사람이 케네디였다. 잭과 함께 선거를 치렀던 측근 참모들의 평가는 이랬다. '그 선거에서 유권자들은 이슈에 흥미가 없었습니다. 케네디가 당선된 것은 인물 덕이었지요. 누가 보기에도 그는 당시 대중이 찾고 있던 새로운 유형의 정치인이었습니다.'[42] 당시 매사추세츠 주에서 시장을 지냈던 어느 한 정치인의 평가는 왜 유권자들이 잭을 선호했는지에 대한 좀 더 구체적인 대답을 제시하고 있다. '잭에게는 무엇인가 특별한 것이 있습니다. 그것이 무엇인지는 잘 모르겠는데 바로 그것이 사람들로 하여금 그를 믿고 싶어 하게 만듭니다. 보수든 진보든 모두 잭이 자신들의 편이라고 주장합니다. 왜냐하면 그들은 잭이 정말 자신들의 편이라고 믿고 그들의 견해가 잭의 견해와 동일하기를 원하는 것이죠.'[43]

[42] O'Donnell and Powers, *Johnny, We Hardly Knew Ye*, pp. 91~92.

[43] Martin and Plaut, *Front Runner, Dark Horse*, p. 178.

투표 결과는 잭의 당선이었다. 설마 했던 상황이 벌어진 것이다. 투표에 참여한 235만 3,231표 가운데 잭은 51.5퍼센트를 얻었고, 로지는 48.5퍼센트를 얻었다. 표차는 7만 737표였다. 표차이로만 본다면 압승이라고 볼 수 없지만 내용적으로 본다면 잭의 당선은 엄청난 사건이었다. 잭이 아무리 인기가 높은 젊은 정치인이라 하더라도 1932년부터 무적의 연전연승을 거듭하면서 3선을 기록 중이던 매사추세츠 주의 우상인 로지를 단 한 번의 도전으로 물리쳤다는 것은 잭 진영에서 쏟아 부은 돈과 조직을 감안하더라도 이변이라고 할 수밖에 없는 일이었다.

잭의 승리의 기반은 단지 그가 '선택받은 최초의 아일랜드계 명문집안' 출신이라는 이유만은 아니었다. 그는 19세기 중반 이후에 미국에 이민 와서 정착한 수많은 후기 이민자들 중에서 성공한 인물을 대표하는 상징성을 갖고 있었다. 그의 승리의 원동력이 된 수많은 소수민족들, 즉 아일랜드, 이탈리아, 유대, 프랑스, 폴란드, 슬로바키아, 그리스, 알바니아, 포르투갈, 핀란드 계통의 유권자들은 바로 잭이 자신들이 본받아야 할 대상이라고 여겼다. 비록 그들 자신은 결코 케네디 집안의 엄청난 부와 같은 성공을 이루어 낼 수 없을 것이라는 점을 잘 알고 있었지만, 그럴수록 그들은 잭에게서 대리만족을 얻고 있었다. 그에게 표를 던진 많은 사람들은 1920~1930년대 미국에 처음 이민 왔을 당시 소수민족이라는 이유로 미국사회에서 요주의 인물 취급을 받았던 아픔을 기억하고 있었다. 그들은 잭에게 표를 던지면서 자기네 신분 중 하나를 미국 정치계 한복판으로 밀어 올리면서 이제 자신들도 더 이상 미국사회에서 차별받는 소수가 아님을 외치고 있었던 것이다. 그들은 잭에게서 그러한 희망을 보았고 앞으로 그에게 무한한 신뢰와 지지를 보낼 준비가 되어 있었던 것이다.

1951년 하원으로서 베트남에 방문했던 사진(뒷줄에 옆을 보고 있는 사람이 잭)

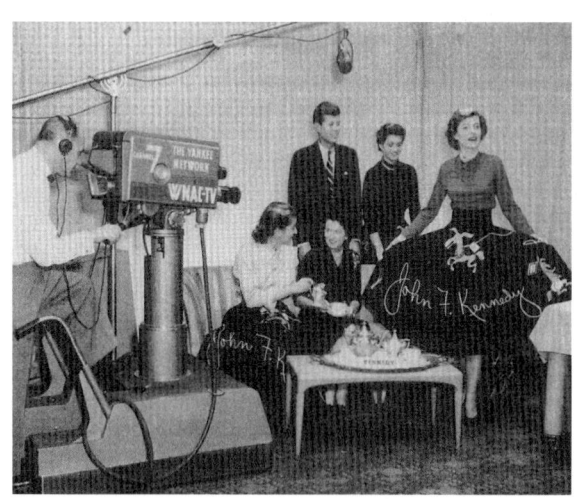

1952년 선거에서 모친 로즈와 여동생들이 여성 유권자의 표를 얻기 위해 차모임을 주선하고 있다

잭과 1952년 선거 운동원들

잭과 로지 상원 의원

1952년 상원 의원 선거에서 트루먼 대통령의 지원 유세

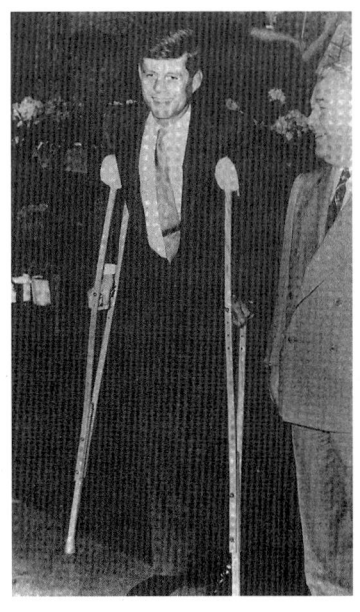

건강이 좋지 않았던 존 케네디
(1952년)

최고 권력을 향한 여정 3장

최고 권력을 향한 여정

상원 의원 케네디

미국의 연방 상원 의원은 수백 명에 달하는 하원 의원과는 달리 오직 96명뿐이었다. 케네디는 하원에서 할 수 없었던 일들을 상원에서는 할 수 있으리라는 원대한 포부를 갖고 상원에 입성하였다. 그런데 어떤 일을 하고 싶다는 계획을 세우기도 전에 잭은 동료 상원 의원들의 일하는 모습과 태도를 보고 실망을 감출 수가 없었다. 그가 본 동료들은 소심하고 이기적이며 특정한 이해관계의 포로가 되어 있었다. 잭은 임기 시작 석 달 만에 한 기자에게 '나는 만일 우리 상원 의원들과 그 수행원들의 역할을 바꾼다면 우리나라가 훨씬 더 잘 될 것이라는 생각이 들고는 합니다'라고 상원 의원들에 대한 비관적인 감상을 털어놓았다.[1] 임기 1년이 지나고 난 후 누군가가 미국에서 상원 의원이란 어떤 자리냐고 묻자 잭은 '세상에서 가장 타락한 자

[1] David McCullough, *Truman*, New York: Simon & Schuster, 1992, p. 214.

리입니다'라고 대답했다.2) 잭이 보기에 상원 의원들은 자신의 정치적 장래를 보장해줄 후원자들을 보호하고 언제든지 흥정에 임할 준비가 되어 있는 사람들이었다. 정치 생명을 연장하기 위하여 이런 저런 타협과 흥정을 하고 자신의 소신을 굽히는 행위는 잭이 가장 싫어하는 스타일의 행동이었다. 잭은 정치가라면 자신이 속한 유권자들의 권익과 이해관계도 중요하지만 그것은 자신의 정치철학과 소신에 저촉이 되지 않는 범위에서 해야 하며 무엇보다도 국가 전체의 이익을 최우선에 세워야 한다고 생각하였다.

2) John A. Carver Jr. OH, Dallek, *An Unfinished Life. John F. Kennedy, 1917~1963*, New York: Little, Brown and Company, 2003, p. 179에서 재인용.

잭은 자신의 정치적 신념과 관련해서 분명한 태도를 나타냈다. 잭은 자신을 어떤 이념의 틀에 가두고 싶어 하지 않았다. 상원 의원 임기를 시작한 몇 개월 사이에 그는 많은 유권자들로부터 '진정한 자유주의자'가 아니라고 자신을 비난하는 편지를 받고 한 기자에게 '나는 흔쾌히 그 분들에게 나는 자유주의자가 아니라고 말하겠어요. 나는 현실주의자예요'라고 응수하였다.3) 즉 잭은 어떤 주의나 이념에 자신의 행동과 사고를 맞추는 것을 싫어했다. 그 이유는 자신을 어떤 이념의 틀에 얽어매면 사고와 행동에서 유연성이 떨어진다고 생각했기 때문이었다. 물론 잭이 민주주의라는 불변의 신념을 갖고 있었음은 두말할

3) Paul Healy, "The Senate's Gay Young Bachelor," *Saturday Evening Post*, June 13, 1953.

필요도 없다. 그에게 민주주의란 고정불변의 이념이 아니라 융통성 있는 조정을 통하여 실현될 수 있는 평화롭고 조화로운 사회를 건설하는 하나의 수단이었다.

그러나 잭이 상원 의원으로 활동하던 1950년대는 정치적 철학이나 신념을 치열하게 논할 수 있는 시간적 정신적 여유가 없었다. 잭 역시 그러한 논쟁을 불러일으킬 생각은 전혀 없었다. 당시의 국제정세는 중국이 1949년 공산화 된 이후 미국을 제국주의 국가로 규정하고 제3세계의 반대 세력을 결속하려고 끊임없이 시도하고 있었고, 소련도 1949년 원자폭탄 실험에 성공한 이래 1952년 10월에는 소수폭탄 폭발 실험에 성공하면서 미국을 압박하고 있는 상황이었다. 민주당의 트루먼 정권을 몰락으로 이끈 한국전쟁은 여전히 교착상태에 있었고, 국내적으로는 조셉 매카시의 마녀 사냥식 반공주의로 인한 심각한 공민권 훼손에 제대로 대처하지 못하여 국론 분열이 심각한 상황이었다. 이러한 이슈들은 매우 중요한 국가적 사안들이었으나 공화당이 두 석 더 많은 49석을 갖고 있었으므로 소수당 소속의 초선 의원인 잭은 별로 할 수 있는 일이 없었다. 상원도 하원처럼 다수당 소속 고참 중진 의원들이 결정권을 장악했고, 신참 의원의 능력이 뛰어나다 하더라도 일단은 영향력을 행사할 수 없도록 되어 있었다. 아마 잭은 이러한 구조에 회의를 품고 상원 의원들을 싸잡아 '가장 타락한 자들'이라고 일갈했는지도 모르는 일이었다. 그러나 현실은 현실이었다.

잭이 초선의원으로서 일단 관심을 두고 노력한 부분은 보좌진을 조직화하여 가장 빠른 시일 내에 향후 정치적 입지를 확보해 나가는 것이었다. 그는 기존의 유능한 보좌관들을 그대로 유임시킨 채 상원 의원으로서 업무량이 많아짐에 따라 개인 비서와 정치보좌역을 보강하였다. 그런데 여기서 새로운 보좌관들을 기용하는 과정을 보면 잭이 자신의 정치적 장래를 얼마나 중요하게 생각했는지 알 수 있다. 그가 입법보좌역으로 고용한 소렌슨(Theodore C. Sorensen)의 경우가 그러하다. 소렌슨은 네브래스카 출신으로서 매우 진보성향이 강한 변호사였다. 소렌슨은 개혁적 성향의 후보와 개혁적 목표를 후원하는 단체인 '민주주의 행동을 위한 미국인들'이라는 모임의 주요 회원이었다. 과거에 보좌진을 선임했던 선례로 보면 소렌슨의 선택은 매우 이례적이었다. 소렌슨은 케네디 집안사람들이 선호하는 가톨릭 출신도 아니었고(당시까지 잭의 보좌진 중에는 가톨릭교도가 아닌 사람은 한 두 사람에 불과했다), 부친이 선호하는 보수주의적 성향의 인물도 아니었다. 잭이 소렌슨에게 본 가능성은 미래였다. 잭은 입법보좌관으로서 강한 개혁적인 성향을 지닌 소렌슨이 자신의 정치적 장래에 많은 도움이 될 것으로 여겼다. 소렌슨도 잭의 선택을 받기는 했지만 과연 잭의 성향이 자신과 맞는 구석이 있는지 판단할 필요가 있었다. 잭은 부친 조셉, 매카시, 가톨릭교회 등에 관한 소렌슨의 질문 중에서 자신의 정치적 성향에 대한 부분을 매우 진지하게 답해주었다. 그는 자신을 하원의 기록에 나타난 것보다 더 자유주의적이라고 소개하면서 그러나 '나는 하원에 들어갈 당시 나의 아버지 보호 하에 있었다는 사실을 알아두었으면 좋겠소'라고 말함으로써 자신이 아직도 아버지의 영향으로 보수주의적 성향이 있음을 시사했다. 그러나 소렌슨은 잭의 성실하고 솔직한 답변 속에서 청중의 심중을 읽어 낼 줄 아는 능력과 듣는 이와 자신을 일치시킬 줄 아는 본능도 갖추었다는 사실을 느꼈고 그가 정치가로서 대성할 자질을 갖추었다고 생각했다. 그는 자신이 제대로 된 상관을 만났음을 직감하고 자신의 재능을 아낌없이 쏟아 부었다.[4] 잭은 소렌슨과 같이 진보적이고 충성심이 강하며 능력이 출중한 보좌관을 확보함으로써 좀 더 강하게 앞으로 치고 나갈 수 있는 동력을 확보한 셈이었다.

4) Collier, Peter and David Horowitz, *The Kennedys: An American Drama*, New York: Summit Books, 1984, p. 243.

보좌진을 정비한 후 잭은 곧바로 선거공약 사항의 이행에 착수하였다. 공약사항 중 가장 첫 번째 것은 매사추세츠 주의 경제를 혁신적으로 발전시키겠다는 약속이었다. 잭은 소렌슨과 하버드 출신 경제 전문가 해리스(Seymour Harris) 등과 함께 뉴잉글랜드 지역 경제 신장을 위한 40여 개의 계획안을 수립했다. 잭은 상원에서 자신이 수립한 방안을 제시하면서 대서양 연안 보스턴 항구의 발전과 수산·섬유·조선 업종 등 다양한 매사추세츠 산업의 진흥을 뒷받침해 줄 것을 촉구했다. 그의 방안은 민주당뿐만 아니라 공화당으로부터도 환영을 받았다. 노사 양쪽에 이롭고 국방에도 도움이 될 수 있는 방안이라는 평가였다. 그의 제안들은 대부분 의회에서 원안대로 입법처리 됨으로써 결실을 거두었고, 잭은 자신의 가장 중요한 공약사항을 이행할 수 있게 되었다. 잭과 그의 보좌진은 선거공약이 이행되고 있음을 대대적으로 홍보했다. 수만 부의 홍보 책자를 제작하여 배포했고, 각종 매스컴과 미디어를 통한 홍보활동도 광범위하게 펼침으로써 잭의 정치적 역량 강화와 도약을 위한 힘찬 엔진을 장착하였다.

잭은 상원 의원 케네디로 만족할 생각은 추호도 없었다. 정계에 발을 들여놓을 때부터 선출직 최고직위인 대통령에 대한 열망과 꿈을 항상 가슴 속에 품고 있었고, 그의 모든 정치적 계획과 행보는 거기에 맞추어져 진행되었다. 부친 조셉도 마찬가지로 잭이 미국 최초의 가톨릭교도 대통령으로 당선되는 순간을 상상하면서 그가 가진 모든 영향력과

부를 쏟아 붓고 있었다. 그들에게 상원 의원이라는 직책은 최고 권력을 향해서 가는 가장 좋은 디딤돌이었고 마침내 성취하였다. 이제 남은 숙제는 상원에서 최대한 지명도를 높이는 것. 잭은 그것을 위한 기초 작업으로 보좌진을 보강하고 공약을 이행하고 매사추세츠 주에서 선전과 홍보를 강화하는 등 착실하게 기반을 다지고 있었다. 그러나 그것만으로는 부족했다. 대권을 성취하기 위해서는 전국적인 지명도와 명망을 쌓아야 했다. 그 첫 번째 작업 대상이 세인트로렌스 강 해로 건설과 관련된 법안이었다. 이 법안은 오대호에서부터 캐나다 접경을 따라 대서양으로 나가는 세인트로렌스 강을 이용한 수송 체계를 건설하는 공사에 미국 정부는 캐나다 정부와 함께 참여한다는 것인데 상·하 양원에서 찬반양론이 분분했던 사안이었다. 찬성하는 쪽은 미국 중서부를 비롯해 국가경제에 이바지할 것이라고 주장했고, 반대하는 측은 주로 동부에 속한 의원들이었는데 보스턴 항의 물류수송을 비롯한 경제적 타격이 심각할 것이라고 주장하였다. 이와 유사한 법안이 과거에도 수차례 발의된 적이 있었으나 매사추세츠 주의 역대 의원들은 한결같이 반대표를 던졌다.

  잭은 보좌관들과 그 법안을 면밀히 검토하기 시작했다. 그런 후에 내린 결론은 찬성하겠다는 것이었다. 찬성의 속셈은 물론 전국적 지명도를 높이기 위함이었다. 그러나 표면적으로는 그럴듯한 명분을 내세워야 했다. 잭은 보좌관들을 시켜 세인트로렌스 강을 통하여 운송되는 실제 물류량과 그것들이 들어오는 지역과 운송되어 나가는 지역 등을 면밀히 조사하도록 했다. 반대를 위한 명분으로 세인트로렌스 강 해로 건설이 뉴잉글랜드 지역과 보스턴 경제에 손실을 주지 않는다는 점을 증명할 수 있다면 금상첨화이기 때문이다. 잭의 예상대로 해로의 건설은 동부의 경제와 크게 관련성이 없는 것으로 나왔다. 물론 그의 보좌관들이 그런 결론에 유리한 자료들만을 이용하여 내린 판단일 수도 있지만 잭에게는 더없이 훌륭한 보고서였다. 그런 연후에 잭은 상원에서 1954년 1월 그 법에 찬성하는 발언을 하기로 결심했다. 잭은 발언을 통하여 자신은 수개월 동안 세인트로렌스 강 해로 건설과 관련된 중요한 사안들을 면밀히 검토했으며 결론적으로 자신의 출신 주인 매사추세츠 여론의 대세를 저버리고 미국이 캐나다와 함께 해로 건설에 참여하는 것이 국익에 도움이 된다고 판단하기 때문에 찬성하는 것이라고 밝혔다. 그러면서 그는 그 해로의 건설이 보스턴을 비롯한 동부의 경제에 피해를 주기보다는 오히려 간접적으로 도움이 될 수 있음을 조목조목 열거하였다. 그리고 발언을 끝맺으면서 잭은 자신은 매사추세츠 주를 대표하는 상원 의원이지만 출신지역의 이해관계보다도 전체 국가의 이익을 앞세우는 미국의 상원 의원임을 다니엘 웹스터(Daniel Webster)의 말을 인용하면서 웅변적으로 표현하였다. '우리의 목표는 주들의 분열, 불화, 그리고 반목이 아니라 하나의 조국, 하나의 헌법, 하나의 운명을 지켜나가는 것입니다.'

예상대로 많은 보스턴 언론들은 잭이 지역의 이해관계를 배신했다며 분노를 표출하였다. 그러나 이러한 언론들은 유권자의 감정을 자극할 수는 있었지만 잭이 찬성한 근거를 논박하거나 반대 증거를 제시하지 못했다. 오히려 몇몇 언론들은 차분하게 잭의 찬성이 국익을 위한 행동이라고 논평했다. 왜냐하면 논리적으로나 실질적으로 잭의 찬성논리가 정확히 핵심을 찌르고 있다고 신뢰했기 때문이었다. 잭의 찬성은 미국 전역을 대상으로 하는 방송사들과 언론사들의 관심을 자극하였다. 1954년 2월에 NBC-TV의 〈언론과의 만남〉이라는 프로그램으로부터 출연 요청을 받아 자신의 소신을 피력할 기회를 얻었는가 하면 여러 매체로부터 인터뷰 요청을 받기도 하였다. 잭은 드디어 자신이 원하던 세간의 주목을 받기 시작한 것이었다. 그가 처음 상원 의원에 당선되었을 때에도 많은 언론으로부터 관심을 받기는 했었다. 그러나 그때의 관심은 가문 좋은 젊은 신출내기 정치인이 로지라는 거물 정치인을 단번에 물리쳤다는 사실로 인해 다소 일회성 혹은 가십성 관심이었다. 이번의 관심은 그때와 차원이 다른 것이었다. 국익보다는 출신지역의 이익을 우선시하는 소심하고 이기적인 대부분의 의원들을 비웃기라도 하듯 잭은 국익을 앞세워 출신 지역구의 이해관계와 반대되는 선택을 한 것에 대하여 정치인 케네디가 과연 어떤 인물인가에 대한 관심이었다. 그의 애국심이 미국인들의 뇌리에 각인되기 시작하였다. 아울러 그러한 결정을 내리기까지 주도면밀한 조사와 증거제시 등 매우 치밀한 의정활동도 언론의 조명을 받으면서 잭이 단지 유권자들의 표만 쫓는 소위 직업적 정치인이 아니라 성실함과 소신을 지닌 괜찮은 정치인이라는 이미지가 생겨나기 시작한 것도 그 사건에서 건진 큰 성과 중 하나였다.

잭이 전국적인 지명도를 높이기 위하여 선택한 또 하나의 분야는 대외정책이었다. 국내정책에 대한 정견발표나 법안 등은 여간해서 전국적인 뉴스에 오르내리기가 쉽지 않고 전폭적인 지지를 받음으로써 지명도를 높이는 것이 여의치 않은 반면 대외정책에 대한 견해 표명은 비교적 언론의 조명을 받기가 수월한 측면이 있었다. 특히 1950년대는 소련, 중국 등으로 대표되는 공산주의 세력의 왕성한 세력 확대 정책으로 미국을 비롯한 자본주의 진영은 초긴장

상태에 있었고, 엄청난 예산과 관심을 공산주의 확산 방지에 쏟고 있는 상황이었다.

잭에게 이러한 상황은 상당히 유리한 환경을 제공하였다. 외교 분야는 일찍부터 잭이 가장 관심을 가졌던 분야였다. 하버드 대학 시절부터 잭은 외교정책에 관심이 아주 많았다. 그의 대학 재학 시절인 1937년 여름 부친의 도움으로 유럽 일주 여행을 다녀온 적이 있었는데 여기에서 잭은 자신의 국제정세에 대한 관심과 안목을 키웠다. 1937년 7월이라면 제2차 세계대전이 발발하기 불과 2년 전이고 유럽의 정치 상황은 매우 불안하고 뒤숭숭하던 시절이었다. 그는 프랑스, 독일, 이탈리아, 스페인 등지를 돌아보면서 유럽 국가들의 이러저러한 결함과 그 국가들 사이의 불안한 관계, 그리고 향후 불투명한 사태의 추이에 대하여 생각하면서 유럽 열강의 패권 구도와 무력 외교의 결말이 어떻게 될 것인가에 대하여 진지하게 탐구하였다. 잭은 또 1938년 7월 2학년을 마치고 1937년 12월부터 부친 조셉이 영국 런던 주재 미국대사로 근무하던 미국대사관에서 여름 한철을 보낼 기회를 얻었다. 여기에서 잭은 체코슬로바키아 사태로 위기가 고조되던 유럽의 상황을 직접 목격할 수 있었다. 히틀러가 체코슬로바키아 정부에게 주데텐란트(체코 보헤미아 동북부와 모라비아 북부의 수데티 산맥을 둘러싼 지역)를 포기하도록 강요하면서 빚어진 위기였다. 잭은 사태가 해결되는 것을 보지 못하고 귀국해서 3학년에 등록하였지만 유럽의 위기에 대한 관심과 궁금증으로 인하여 1939년 봄 한 학기를 휴학하고 다시 유럽으로 건너가기로 결심했다. 이번에는 아예 유럽에 머무르면서 작금의 유럽 정세를 주제로 학부 졸업논문을 작성할 계획이었다. 당시 유럽의 상황은 하루가 다르게 긴박한 변화의 소용돌이 속에 있었다. 잭의 관심과 흥미를 끌기에 충분했다. 잭은 논문 작성에 필요한 자료를 모으기 위해 8월 한 달 내내 영국, 프랑스, 독일, 이탈리아 등지를 여행했다. 그러나 9월이 되면서 잭의 이러한 여행은 지속될 수 없었다. 히틀러가 폴란드를 침공하자 영국과 프랑스가 독일에 선전포고로 맞섬으로써 제2차 세계대전이 시작되었기 때문이었다.

잭이 유럽 여행과 학과 공부를 통해 남긴 가장 큰 성과는 그의 졸업 논문이었다. 148쪽 분량에 이르는 논문의 제목은 「뮌헨에서의 유화정책」이었다. 영국이 독일의 군사력 증강과 침략 행위에 대하여 유화정책을 취하게 된 원인을 분석한 논문이었다. 그 논문은 만일 잭이 대통령이 되지 못했더라면 그렇게 유명해지지는 않았을 것이다. 왜냐하면 상당히 잘 작성된 논문이기는 하지만 우수한 학부 졸업 논문 수준을 뛰어 넘지는 못했기 때문이었다. 그러나 그 논문은 오늘날까지도 케네디 대통령의 외교문제에 대한 인식의 진전과 변화를 논하는 데 중요한 단서들을 제공하는 자료로 평가받을 만큼 자주 거론된다. 논문의 주요 논점은 1930년대 영국이 독일의 강한 군사력에 보조를 맞추어 재무장할 기회를 놓침으로써 뮌헨에서 유화정책을 취할 수밖에 없었다는 것이다. 영국이 이처럼 정책적 실패를 하게 된 원인은 당시에 정부를 이끌었던 볼드윈 총리나 체임벌린 총리와 같은 정치 지도자들의 지도력에 문제가 있어서라기보다는 평화주의 세력, 국제연맹을 중심으로 한 집단안전보장 체제를 믿었던 세력, 정부의 예산 지출 확대를 반대했던 세력의 무책임한 반대 때문이라고 분석하였다. 그러면서 그는 민주주의 체제는 위기시에 체제를 수호하기 위한 수단과 동원 등을 효율적으로 구사할 수 없는 한계를 갖고 있기 때문에 독재체제보다 더 많은 고난을 겪는다고 단언했다. 따라서 민주주의 체제하에 있는 사람들은 사회적 존망의 위기가 팽배해야 자신의 특권적 지위 등 사리사욕을 버리고 대의명분을 위하여 투신하는 경향을 갖는다고 말하면서 자신의 학위 논문은 미국인에게 보내는 경고 메시지라고 역설했다. 즉 미국은 영국의 실패에서 배워야 한다는 것이었다.[5] 이러한 상당히 통찰력 있는 논지는 독일의 침략 앞에서 속수무책으로 무너지는 프랑스를 비롯

---

5) Herbert Parmet, *Jack: The Struggles of John F. Kennedy*, New York: Dial, 1980, p. 70

한 유럽의 민주주의 국가들의 연약함을 목격한 미국인들에게 판단의 근거를 제시하는 것처럼 보였다. 잭은 주위의 권유로 자신의 책을 출간해보기로 마음먹고 약간의 수정·보완을 거쳐 신속하게 출판하였다. 결과는 매우 성공적이었다. 책에 대한 평가는 칭찬 일색이었고 영국과 미국에서 상당한 부수가 판매되었다. 이때만 해도 잭이 선출직 공직을 염두에 두고 있지 않은 시점이었지만, 돌이켜 보면 잭의 이러한 공부는 그가 대외정책에 자신감을 갖게 하는데 큰 원동력이 되었다.

그런데 공교롭게도 잭은 자신이 가장 자신 있어 하는 분야에서 실수와 단견을 드러내고야 말았다. 물론 이러한 평가는 현재의 시점에서 내린 것이기는 하지만, 분명 잭은 상원 의원으로서 미국의 대외정책에 대한 견해를 드러내는 과정에서 신중하게 처신하기 보다는 대중적 인기에 영합하는 모습을 보여주었다. 이러한 모습은 그가 후일 대통령으로서 대외문제에 냉철하고 이성적으로 대하는 모습과는 매우 상반되어서 무엇이 그의 진면목인지에 대한 논의를 불러일으킬 만하다. 앞에서도 잠시 언급한 바와 같이 1950년대 중반은 반공주의가 모든 국제적 이슈를 집어 삼켜버렸다. 1953년 7월 한국전쟁이 끝난 후 거의 9개월이 지난 1954년 4월에 미국에서 실시된 여론조사에 따르면 미국인의 54퍼센트가 여전히 전쟁의 위협, 공산주의 세력의 체제 전복 기도, 그리고 국방 문제를 가장 염려스러운 문제로 인식하고 있는 것으로 나타났다. 6월에 실시한 조사는 동일한 문제를 염려하는 비율이 67퍼센트로 늘었고, 대다수의 미국인들은 소련이 미국을 상대로 핵무기를 사용할 것이라고 믿고 있는 것으로 나타났다.[6] 한마디로 당시의 미국인들은 안보 불안증에 시달리고 있었던 것이다. 미국인들의 공산주의 혐오증과 두려움은 1917년 러시아가 레닌에 의하여 공산주의 국가로 바뀐 이래 지속적으로 증대되어 온 현상이었다. 소위 레드컴플렉스(Red Complex)라고 불리는 현상이었다. 이 현상은 제2차 세계대전이 끝난 후에 스탈린의 독재와 소련의 핵무기 보유, 국제공산주의 운동, 그리고 중국의 공산화 등으로 인하여 더욱 강화되었고, 국내에서는 매카시와 같은 극우 반공주의자의 선동에 의하여 그 절정에 달했다. 이때가 바로 1953~1954년이었다. 케네디도 이러한 사회적 분위기에 한 몫 거들었다. 그는 1953년 한 대중 집회의 연설에서 소련과 그 위성국가들은 자체 국민총생산의 큰 비중을 전쟁 준비에 쏟아붓고 있으며 그들의 지상군 병력은 서방을 능가하는 규모라고 주장하면서 이러한 상황에서 아이젠하워 행정부가 1954년도 군사부분 예산을 삭감하려고 하는 것은 사태를 더욱 악화

---

6) Dallek, *An Unfinished Life: John F. Kennedy, 1917~1963*, p. 183.

시키는 처사라고 비난을 퍼부었다.7) 잭은 아이젠하워 행정부의 대외정책이 공산주의 세력의 위협에 대처하기에는 미흡하다는 확신을 갖고 있었다. 아이젠하워 행정부의 대외정책은 국무장관인 덜레스(John Foster Dulles)가 총괄지휘하고 있었는데 공산주의 세력에 대한 대응으로서 대량보복 전략(Massive Retaliation Strategy)을 채택하고 있었다. 이것은 적으로부터 본격적인 공격을 받을 경우 핵무기를 탑재한 전략 폭격기를 출격시켜 스스로 선택한 방법과 장소에서 즉각 거대한 보복력으로 반격한다는 새로운 개념의 전략이었다. 그러나 잭이 보기에 이 전략은 유럽 등 미국의 핵심적인 이해관계가 교차하는 지역에 대한 정면 공격의 경우에는 효과가 있을 수 있으나, 아시아를 비롯한 제3세계에서 소련과 중국이 행하고 있는 게릴라 공격을 통한 체제전복 활동 등 비핵전투에서는 별로 힘을 쓸 수 없는 전략이었다. 따라서 잭은 방위비 지출을 늘려 공산주의 세력이 행하는 다양한 형태의 공격에 대비할 것을 호소하였다.

7) JFK Speech to American Legion, Oct. 16, 1953, Box 490, PPP, JFKL.

잭의 이러한 주장은 당시 미국 국민들이 듣기에는 믿음직한 외침이었을지 몰라도 사실을 정확히 직시하지 않은 비판이었다. 왜냐하면 소련의 의중을 잘못 읽은 결과였기 때문이다. 당시 소련은 미국에 대하여 매우 방어적인 조치만을 취하고 있었다. 그들의 경제규모나 군사력이 미국을 대항할 만큼 강하지 못하다는 것을 소련 지도자들이 누구보다도 잘 알고 있었다. 특히 1953년 스탈린의 사망 이후 흐루시초프로 대표되는 소련의 지도부는 막대한 군사비 증액으로 인하여 가중되고 있는 경제적 어려움을 소해할 목적으로 미국과의 데탕트를 생각하고 있을 정도였다. 봉쇄정책의 입안자였던 조지 캐넌(George F. Kennan)조차도 당시 소련의 대서방 정책이 방어적인 것으로서 미국의 멸공구상에 대한 대응책으로 이루어지고 있다는 것을 인정하였다. 소련의 목표는 전면전으로 맞서 서방을 타도하려는 것이 아니었다. 전면전을 할 경우 패배할 수밖에 없으리라는 것을 잘 알고 있었으므로 정치적 전복활동과 게릴라적 파괴활동에 의거한다는 것이 소련 측의 전략이었다. 따라서 잭의 미국 대외정책에 대한 견해는 다분히 자신의 신념과 대중적 분위기에 편승한 것으로서 선동적으로까지 평가될 수 있을 정도로 현실성을 결여하고 있었다. 이러한 그의 태도는 국내정책에서 보여준 신중하고 면밀한 조사를 바탕으로 하는 것과는 매우 대조되는 모습인데 그 이유는 아마 외교문제에 대하여 너무나 자신감에 찬 나머지 면밀한 분석과 현실적 진단을 소홀히 한 결과였을 수도 있고, 또는 자신의 대중적 지명도를 높이는 데 일차적 목표를 두었기 때문에 보인 일탈적 모습일 수도 있다.

그러나 잭이 대외문제에 비현실적이고 선동적인 자세로 일관한 것은 아니었다. 인도차이나 문제에 대한 미국의 대응방식에 대해서는 그의 특유의 날카롭고 현실적인 안목으로 바람직한 대책을 제시하기도 했다. 1953년 당시 프랑스의 식민통치를 받던 인도차이나는 프랑스의 식민통치를 종식시키기 위하여 무장 투쟁을 전개하고 있었고 제2차 세계대전으로 큰 타격을 받은 프랑스는 이들 식민지에 대한 통제력을 점점 잃어가고 있었다. 잭이 인도차이나에 관심을 보인 계기는 1951년 가을 중동·아시아 지역을 순방하면서부터였다. 잭이 보기에 인도차이나에 대한 프랑스의 통제력 약화는 자칫 공산주의 세력의 침투를 초래하여 이 지역이 공산화될 수 있음을 의미하는 것이었다. 잭은 즉시 보좌진 중에서 외교정책 전문가로 활약하던 존슨(Priscilla Johnson)에게 프랑스의 식민통치 실상을 면밀히 조사하고 공산주의를 막을 대책을 연구하여 보고하라고 지시했다. 존슨의 보고는 매우 비관적이었다. 프랑스는 인도차이나의 세 국민(베트남, 라오스, 캄보디아)을 제어하는 데 한계가 너무 분명해서 개선책을 제시하기 어렵다고 보고했다. 기존의 제도가 너무 잘못 운영되고 있어서 개선책으로 변화시킬 수 있는 상황이 아니라 전혀 새로운 제도를 도입하지 않으면 인도차이나에서 프랑스의 지배는 사실상 어렵다고 진단했다.[8] 잭은 이러한 보고를 토대로 1953년 5월 국무장관 델레스에게 개인적인 의견을 전달했다. 그의 견해는 미국이 프랑스를 통해 인도차이나에 원조를 확대할 경우 프랑스에게 강경하게 현상의 변화를 요구해야 하며 미국은 그럴 권리가 있다는 것이었다. 그러한 변화는 토착민들에게 진정한 독립을 얻을 수 있다는 희망을 줄 것이고 미국인들은 원조의 대가로 패배가 아니라 장래에 그 지역이 밝은 전망 속에서 성공을 거둘 수 있다는 확신을 원한다고 잭은 주장했다.[9] 국무부도 프랑스의 식민지를 종식시키고 토착민들에게 권력을 이양하는 것에는 동의하지만, 그러한 과정은 프랑스에게 지나친 압력을 행사함으로써보다는 점진적인 방법으로 실현하는 것이 더 바람직하다고 보았다.

국무부가 자신의 견해를 정책으로 수용할 의사가 분명하지 않음을 느낀 잭은 인도차이나 문제를 의회와 여론에 내놓았다. 1953년 여름 잭은 상원에서 미국이 인도차이나에 있는 프랑스에게 원조를 제공하는 데 있어서 프랑스가 그 지역의 독립과 자유를 촉진하는 정책을 추진하도록 전제조건을 붙여야 한다고 주장했다. 그는 비록 프랑스가 미국의 개선책에 반발하더라도 미국은 그 지역에 부담하는 재정적

---

[8] Johnson to JFK, April 22, 1953, Box 484, PPP, JFKL.

[9] JFK to John Dulles, May 7, 1953, Box 481, PPP, JFKL.

몫이 전체의 40퍼센트를 상회하고 앞으로도 계속 늘어날 전망이기 때문에 성공 가능성이 큰 정책 변화를 요구할 자격이 있다고 주장했다. 1953~1954년에 걸친 동절기에 프랑스군의 패배가 예상되는 상황에서 잭은 프랑스가 식민통치를 종식해야 한다고 천명하였다. 그러면서 향후 대책으로서 토착민들의 지지를 받는 정권을 준비하는 쪽으로 정책을 구사해야 한다고 설파하였다. 그는 프랑스가 실패한 자리에 미국이 군사적으로 직접 개입하는 것은 또 다른 실패를 불러올 뿐이라고 하면서 다음과 같이 자신의 생각을 정리하였다. 미국의 군사원조로는 인도차이나에서 승리할 수 없다. 왜냐하면 대중의 공감과 지지를 받고 있는 인민이라는 적은 모든 곳에 존재하면서도 동시에 어디에도 존재하지 않기 때문이다. 승리를 위한 유일한 길은 자치를 성취하기 위하여 자신들의 피와 소중한 재화를 바칠 수 있는 '토착민들로 구성된 군대'밖에 없다.[10]

케네디의 인도차이나 문제에 대한 제안은 국내에서 강한 지지를 얻었다. 그러나 잭의 제안을 정책으로 고려할 겨를도 없이 1954년 5월 프랑스 군대는 디엔비엔푸 전투에서 참패함으로써 프랑스는 인도차이나에서 퇴장하였다. 식민지 지배가 종식된 것이다. 뒤이어 열린 제네바 회담에서 중국·프랑스·미국·소련의 합의에 따라

[10] "The War in Indochina," April 6, 14, 1954, JFK, Compilation of Speeches.

베트남 국토는 북위 17도선을 경계로 남북으로 분단되었다. 북부에는 호치민이 이끄는 공산주의 정권이 들어섰고, 남부에는 미국의 지원을 받는 고 딘 디엠 정권이 들어섬으로써 기나긴 내전의 서막을 알렸다.

이 무렵 잭은 그 어느 때보다도 미국의 군사적 개입을 경계하는 발언을 하였다. '우리는 인도차이나를 잃었습니다. 이제 우리가 할 수 있는 일은 별로 없습니다. 미국의 군사개입은 결코 성공하지 못할 것입니다.' 그는 또 미국의 개입은 중국의 개입을 유도할 것이라고 전망하면서 '한국에서의 전례도 있지만, 우리는 아마 한국에서보다 훨씬 난처한 상황에 빠지게 될 것입니다'고 말하면서 미국의 개입은 매우 적절치 못함을 역설하였다.[11] 잭의 이러한 현실주의적이고 냉정한 판단은 대중들로부터 많은 호응을 얻었다. 특히 행정부 관리들은 인도차이나에서 프랑스가 이길 것으로 판단한 반면 잭은 그 반대의 견해를 피력했는데 그의 예측이 적중하였다. 그 때문에 시사평론가와 해설자 등 언론은 잭의 통찰력과 안목에 감탄을 쏟아내었고, 그를 전도가 유망한 정치가로 평가하였다.

국내외 정책에서 나름대로 착실히 자신의 견해를 표명하면서 지명도를 높여나가던 잭에게 두고두고 후회할만한 사건이 생겼다. 이 사건으로 사람들은 후에 잭이 과연 소신과

---

[11] CBS, Man of the Week, May 9, 1954, Box 524, PPP, JFKL.

신념에 찬 정치인인지 여부에 물음표를 던지곤 하였다. 그것은 바로 상원에서 행해진 매카시 징계 표결이었다. 1950년대 초반 멸공구호를 외치면서 선풍적인 인기를 끌었던 매카시 상원 의원은 1954년 들어서면서 증거도 없이 과도하게 정적들을 공산주의자로 낙인찍는 행위로 인하여 대중들의 신임을 잃어가고 있었다. 그의 무차별한 공격은 대통령부터 시작하여 지위고하에 관계없이 마구잡이로 행해졌다. 그는 대통령을 술 취한 부하들의 조언이나 듣고 앉아 있는 '개새끼'라고 모욕하는가 하면 개신교 성직자들과 미 육군 고위 장교들까지 공산주의를 후원하거나 비호한 혐의로 고발하는 등 그야말로 제정신이라고 할 수 없을 정도로 행동하고 있었다. 대중의 비난여론에 힘입어 상원은 드디어 매카시의 멸공광풍을 잠재울 시기가 도래했다고 판단하고 상원 다수당 원내 대표로 있는 민주당의 존슨(Lyndon B. Johnson, 1963년 케네디 대통령의 암살 이후에 부통령으로서 대통령직을 승계하여 미국의 제36대 대통령에 취임)의 주도하에 매카시에게 상원의 규정을 위반하고 육군 장성을 모욕한 혐의에 대해 '공식 비난 처분'을 내려야 한다는 의견을 제시했다. 의회 선거를 치르고 난 1954년 12월 상원은 이 처분을 표결로 처리하여 찬성 67표, 반대 22표로 매카시의 징계를 결정하였다.

그런데 이 사안에 대하여 민주당 소속 상원 의원으로서 유일하게 표결에 참여하지 않은 사람이 바로 케네디였다. 케네디가 기권한 이유는 아직도 정확히 밝혀지지 않았다. 다만 분명한 것은 그의 기권이 자신의 신념과 소신에 의해서라기보다는 출신 지역구의 정서와 가톨릭교의 태도 때문이었다는 것이다. 당시 대다수의 여론은 매카시에게 등을 돌렸다. 케네디가 징계안에 찬성했다고 하더라도 큰 문제는 없었다. 찬성표를 던진 다른 가톨릭교도 상원 의원들은 전혀 정치적 타격을 입지 않았다. 잭도 후에 자신의 선택을 크게 후회했다. 위법 사실이 분명하고 무고한 사람들의 공민권을 엄청나게 침해한 매카시 징계에 기권했다는 사실은 다른 어떤 말로도 변명하기가 힘들다는 것을 잭은 뒤늦게 깨달았다. 왜냐하면 이 사안은 정치적 견해에 관한 사안이라기보다는 도덕적 판단에 속하는 것이었기 때문이다. 후에 잭은 이런저런 변명을 늘어놓았지만 하나같이 궁색하거나 이치에 맞지 않은 것들이었다. 소신과 용기를 소중히 여긴다는 잭이 옳고 그름이 분명한 사안에 슬그머니 꽁무니를 뺀 것은 두고두고 정치적 약점으로 작용하였다.

상원에 당선되고 나서 잭은 결혼을 결심하였다. 그에게 결혼은 화려한 독신 생활의 마감을 의미했지만 좀 더 큰 정치적 목표에 뜻을 둔 상원 의원 처지에서 가정을 이루는 것은 필수적인 조건이었다. 그러던 차에 잭은 정말 사랑하는 여성을 만나게 되었다. 재클린 부비에(Jacqueline Bouvier)였다. 재키라고 불리는 이 여성은 당시 22세 꽃다운 나이에 미모가 수려한 사교계의 꽃이었다. 1951년 첫 만남부터 결혼에 이르기까지 2년의 시간이 걸렸다. 재키는 여러모로 잭의 배필로서 이상적이었다. 매력적인 몸매에 총명하면서도 사려 깊고 수줍음을 타면서 황홀한 마력을 지닌 여성, 더구나 저명인사 인명록에 오른 저명한 가톨릭 가문의 규수였던 것이다. 두 사람은 열렬히 사랑하게 되었고 1953년 9월 12일 엄청난 뉴스를 만들면서 결혼에 성공하였다. 그러나 1년여의 달콤한 신혼 기간이 지나고 나서 이들의 결혼 생활에 조금씩 어두운 그림자가 드리워지기 시작했다. 잭은 상원 의원으로서 항상 바쁜 정치적 일정을 소화하기에 여념이 없었고 재키는 거의 혼자서 지내는 시간이 늘어만 갔다. 집안에 함께 있을 때에도 가정생활이라고는 거의 없고 항상 손님들로 북적이기 일쑤였다. 재키는 이러한 외로움을 쇼핑과 집안 장식과 같은 소일거리로 달래야 했다. 잭의 입장에는 재키가 너무 낭비벽이 심하다고 불평하였다. 이들의 결혼을 더욱 심각한 갈등으로 몰아간 요인은 결혼 이후에도 멈추지 않는 잭의 여성편력이었다. 파티 때면 잭은 예쁜 여성과 갑자기 사라져버리기 일쑤였고, 재키는 혼자 우두거니 남겨지곤 하였다. 그들에게 결혼 생활은 이제 행복을 가져다주는 원천이라기보다 남들에게 보여주기 위한 박제된 형태로 남아버렸다.

이 무렵 건강도 잭을 괴롭게 하는 또 하나의 복병이었다. 잭은 1947년 9월 애디슨병이라는 진단을 받은 뒤로도 질병과 어려운 싸움을 계속해야 했다. 그때부터 6년여에 걸쳐 그는 두통, 호흡기 질환, 복통 등 각종 질환에 시달렸으며 특히 허리통증은 가장 참기 힘든 고통이었다. 1953년 7월 잭은 허리를 치료하기 위해 조지워싱턴대학 병원에 입원했다. 이듬해 1월까지도 차도가 없자 이번에는 뉴욕병원 전문의에게 진찰을 받았다. 얼마 후인 4월에 다시 레이 클리닉에 입원했다. 시간이 갈수록 허리 통증이 완화되기는커녕 점점 더 심해지고 있었다. 엑스선 검사결과 5번 요추에 이상이 발생했는데, 그 이유는 애디슨병 때문에 복용한 약물의 부작용으로 밝혀졌다. 양말을 신을 수 없거나 층계를 오르내리기 힘들 정도로 요통이 심각했다. 목발에 의지하고 간신히 움직일 정도였다. 의사들은 수술을 하지 않으면 보행능력을 상실할 수도 있음을 경고했다. 그러나 애디슨병 환자에게는 그러한 수술이 치명적인 감염을 초래할 수도 있음도 경고했다. 진퇴양난이었다. 그러나 잭은 수술을 하겠다고 우겼다. 가족들은 생명을 거는 모험을 하느니 차라리 휠체어에 의지하는 편이 더 낫다고 잭을 설득하였다. 그러나 잭의 의지는 굳었다. 목발이나 휠체어에 의지하고 평생을 사느니 차라리 수술하다 죽는 편이 낫다고 고집을 꺾지 않았다.

10월 21일 수술을 실시했다. 수술은 세 시간 이상 걸렸고 효과는 장담할 수 없었다. 잭은 수술 후에 곧바로 감염을 일으켜 혼수상태에 빠졌다. 종부성사를 집전하기 위해 가톨릭 사제를 모셔오기도 하였다. 부모와 가족들은 또 다시 가족 중 한 명을 잃을지 모른다는 공포와 두려움에 떨고 있었다. 특히 부친 조셉은 분노와 슬픔으로 온 몸을 떨었다. 그러나 12월에 접어들면서 감염 증세는 조금씩 호전되기 시작했고 플로리다 주 팜비치 가족 별장으로 요양을 떠났다. 그러나 아직도 의료진은 잭이 다시 걸을 수 있을지 확신하지 못했다. 설상가상으로 척추를 고정하기 위하여 삽입한 금속판이 다시 감염을 일으켜 2월에 뉴욕 병원에서 다시 수술을 받아야 했다. 이번에는 그 금속판을 제거하는 수술이었다. 금속판을 제거하고 조각조각 부서진 연골조직을 다시 이식하는 수술을 받았다. 수술 후 다시 플로리다에서 3개월 동안 요양한 후 쇠약해진 몸을 이끌고 다시 워싱턴 상원에 복귀하였다. 잭은 기력이 약해질대로 약해졌지만 다시 정치활동을 계속하겠다는 결연한 의지를 보여 주위의 감탄을 자아내기도 하였다. 어쩌면 어렸을 적부터 죽음은 그에게 너무 친숙한 존재였는지도 모른다. 시시각각 죽음이 그를 향해 오고 있다는 느낌. 그것을 피할 수도 없고 거부할 수도 없는 상황. 항상 그가 느낀 상념이었을 것이다. 이러한 환경이 그로 하여금 그렇게 남다른 인내력과 용기를 갖게 했을 것이다. 그는 죽음의 공포에 짓눌려 두려워하거나 슬퍼할 시간이 별로 없었다. 목숨이 붙어 있는 한 뭔가 의미 있는 일을 해야 한다는 생각이 그를 계속 앞으로 나가게 했던 가장 큰 원동력이었다.

본격적인 대선 행보

잭은 서서히 자신의 정치 인생을 걸 시점이 다가오고 있음을 느꼈다. 자신의 정치적 장래를 위하여 무엇인가 체계적으로 준비해야 한다고 생각했다. 비록 병상에 있는 동안에 저지른 실수였지만 매카시 징계 표결에 기권한 행위는 스스로 생각해도 도덕적으로 용서할 수 없는 행동이었다. 다시는 그런 실수를 하지 않기 위해서, 그리고 그러한 결의를 대중에게 보여주기 위해서 뭔가 행동이 필요했다. 정치인으로서 서로 다른 이해관계가 상충될 때 어떻게 대처해야 하는지 깊이 고민하지 않을 수 없었다. 지역구의 요구와 국가의 이익이 상충될 때 어느 선에서 타협해야 할지 문제가 아닐 수 없었다. 이것은 신념과 용기와 관련된 문제라는 것을 잭은 잘 알고 있었다.

잭은 평소 존경해 마지않았던 프랭클린 루스벨트(Franklin D. Roosevelt) 대통령의 불굴의 의지와 용기를 보면서 많은 것을 배웠다. 루스벨트 대통령의 부인 엘레나 루스벨트에 의하면 루스벨트 대통령은 젊은 시절 척수 소아마비로 건강을 잃고 난 후에 예전에 갖지 못했던 힘과 용기를 갖출 수 있었다. 잭은 루스벨트에게서 건강하지 못한 상황에서 정치생활을 하고 있다는 동질감과 연대감을 느꼈다. 생명을 위협할 만큼 질병의 고통 속에서 있지만 굳은 결의와 용기로 시련을 이겨내겠다고 다짐했다. 그리고 잭은 척추 수술을 받고 병상에 누워 있을 때『용기 있는 사람들』이라는 책을 집필하였다. 이 책은 8명의 상원 의원에 관한 이야기인데, 이들은 모두 소속당과 출신 주 그리고 지역 내 다수 의견과 대립을 무릅쓰고 인기와 평판에 아랑곳하지 않는 태도를 취함으로써 정치생명을 거는 남다른 용기를 보여준 인물들이었다. 이 책은 잭 자신의 정치적 다짐이기도 했다. 지금까지 나름대로 소신과 용기를 갖고 정치생활을 했다고 자부하지만 돌이켜 보면 그렇지 못한 경우도 있었던 것이 사실이었다. 잭은 그러한 자신의 정치적 과거를 반성하고 향후 자신이 어떤 정치인이 되고자 하는지 이 책을 통하여 말하고 있었다. 더 이상 사사로운 이해관계나 정에 얽매이지 않고 국가와 국민을 위하여 정직하게 행동하겠다는 스스로의 다짐이 배어 있는 책이었다. 즉 잭은 이 책을 통하여 자신도 그들처럼 국가적 위기 상황에서 단호하게 소신과 책임을 갖고 대응하는 정치인으로 각인되기를 희망했던 것이다. 보좌관들이 써준 책을 잭의 이름으로 출간했다는 시비가 있었지만, 잭의 희망대로 이 책은 출간과 동시에 전국적인 베스트셀러가 되었고, 덕분에 잭의 지명도도 더욱 높아졌다.

잭이 워싱턴 정가에서 지명도와 명성을 쌓아가는 동안 매사추세츠 정계는 살벌한 주도권 싸움을 하고 있었다. 특히 보스턴 정치판의 권력 다툼은 그야말로 난장판을 방불케 하는 것이었다. 잭은 가능하다면 이런 지역 실세들의 싸움에 말려들고 싶지 않은 심정이었다. 잭이 정치인이기는 했지만, 그동안 정치판의 이전투구는 부친 조셉이 도맡아서 처리했다. 잭은 체질적으로 이런 종류의 싸움을 즐기지 않았다. 가능하면 타협하고 조정해서 모두 함께 갈 수 있는 길을 찾고 싶어 했다. 그러나 정치판에서 그런 생각은 희망 사항일 뿐 때로는 살아남기 위하여 상대방을 제거해야 하는 것이 어쩔 수 없는 운명이었다. 잭도 장차 좀 더 큰 선거를 치르기 위해서는 매사추세츠 주의 정치판을 장악해 둘 필요가 있었다. 1955년 대통령 선거가 가시권으로 들어오면서 매사추세츠 주의 민주당원들 사이에 지지 후보를 놓고 기 싸움이 치열해지고 있는 상황이었다. 잭은 정치 보좌관들을 시켜 상황을 파악하여 대책을 세우도록 한 후에 자신이 직접 나서서 경쟁자들과 싸움을 해나갔다. 일단 싸움이 시작되자 잭은 주도면밀하게 정적들을 다루기 시작했다. 때로는 설득과 회유의 방법을 사용하기도 하고, 여의치 않을 때는 힘으로 밀어붙이기도 했다. 살벌한 싸움을 통하여 매사추세츠 주 민주당의 모든 결정을 총괄하는 위원회의 위원을 선출하는 투표에서 잭은 47 대 31로 승리하였다. 잭은 매사추세츠 주 민주당에 대한 장악력을 확고히 다진 셈이었다.

1956년 잭의 정치적 목표는 부통령 후보 지명을 받는 것이었다. 부친 조셉과 잭은 1956년 선거에서 공화당의 인기 있는 현직 아이젠하워 대통령이 재선을 위해 출마한다면 민주당은 별로 희망이 없다고 생각했다. 그들은 현재 민주당의 유력한 후보로 떠오르고 있는 스티븐슨(Adlai Stevenson)보다는 남부 출신의 존슨(Lyndon Johnson) 상원 의원이 훨씬 더 가능성이 높다고 생각했다. 왜냐하면 존슨은 상원과 당내에서 지도적 위치에 있을 뿐만 아니라 온건한 성향 때문에 전국적으로 지지를 확보해 나갈 수 있는 인물이었다. 반면에 스티븐슨은 진보성향이 뚜렷해서 보수 세력의 반대에 직면하게 될 것이므로 득표에서 상당히 어려움이 예상되었다. 조셉은 중간에 사람을 넣어서 존슨에게 비밀스럽게 한 가지 제안을 했다. 만일 존슨이 출마를 공표하고 잭을 러닝메이트로 삼겠다는 밀약을 해준다면 선거운동 자금을 마련해주겠다는 것이었다. 조셉은 존슨이 자신의 요청을 수락할 것으로 예상했으나 그 예측은 빗나갔다. 존슨은 출마를 하지 않겠다 말과 함께 조셉의 제안을 거절했다. 사실 존슨은 출마하고 싶은 생각이 굴뚝같았다. 그러나 현시점에서 출마를 선언하면 잠재 후보들의 집중 공격을 받게 되어 안 좋은 결과를 보게 될까 염려하였다.

존슨의 거절에도 불구하고 잭은 자신을 러닝메이트로 부각시키기로 마음먹었다. 그러기 위해서는 대통령 후보 경선을 위한 당 전국대회에 내보낼 매사추세츠 주 대의원단을 단속할 필요가 있었다. 또한 언론을 통하여 자신을 러닝메이트 하마평에 오르내리도록 만들 필요도 있었다. 이런 공작 덕분에 민주당 러닝메이트로 잭을 지지하는 사람들이 점점 늘었다. 뉴잉글랜드 일대 주지사들과 테네시 주 연방 상원 의원 앨버트 고어 시니어(Albert Gore, Sr.)가 지지를 주도했다. 그러나 스티븐슨의 생각은 달랐다. 자신에게는 남부 출신 러닝메이트가 필요하다고 판단하고 있었다. 관례에 따라 러닝메이트를 미리 낙점할 수도 있지만 스티븐슨은 전당대회의 결정에 따르기로 마음먹었다. 미리 지정함으로써 올 수 있는 정치적 부담을 덜 수 있는 이점 때문이었다. 잭은 전당대회의 대의원들을 설득하는 힘겨운 노력을 경주했다. 경쟁 상대는 테네시 주 연방 상원 의원 키포버(Estes Kefauver)였다. 그는 대의원단 사이에 폭넓은 지지 기반을 확보하고 있는 인물이었다. 잭에게는 매우 힘든 싸움이었다. 부친 조셉은 처음부터 스티븐슨의 러닝메이트는 반대였다. 그가 아이젠하워를 이길 가능성은 거의 없고, 낙선하는 경우 러닝메이트인 잭의 종교인 가톨릭 탓으로 그 책임을 전가할 것이고 자칫하면 향후 대선가도에 영향을 받을 수 있다는 것이 조셉의 판단이었다. 부친의 뜻을 거슬러 잭이 선거운동을 벌이자 조셉은 노발대발하였다. 잭은 처음으로 중요한 정치적 결정을 독립적으로 내린 격이었다. 그러나 최선의 노력에도 불구하고 잭은 지명대회에서 키포스에게 패배했다.

패배의 아픔은 컸지만 얻은 것도 많은 전투였다. 패배 후 전당대회장에서 모두 한 마음으로 정·부통령 후보를 지지해줄 것을 호소하는 잭의 연설은 선전홍보 차원에서 매우 큰 효과가 있었다. 또 지명전을 치르는 동안 줄곧 한결같이 진지하고 침착한 그의 모습도 당원들에게 깊은 인상을 남겼다. 보스턴의 한 저널리스트는 패배했음에도 잭은 '전당대회 전체를 통틀어 진정한 의미에서 유일한 승자로 간주됨직하다'고 썼다. 그리고 그는 유일한 신예로서 그야말로 군계일학이었다. 그의 카리스마, 품격, 지성, 패배를 깨끗이 인정하면서 내보인 도량 등 민주당 당원들은 잭에 대한 강렬한 인상을 두고두고 기억할 것이라고 평가했다.[12] 잭과 친분이 두터웠던 역사학자인 아서 슐레징거 주니어(Arthur Schlesinger Jr.)도 잭에게 보낸 편지에서 다음과 같이 적었다. '자네는 분명히 전당대회 기간 동안 가장 소득을 많이 얻은 사람으로 부상했네……. 자네의 신중한 처신과 효율적인 행동으로 말미암아 일주일만에 자네는 전국적인 정치인이 되었네…….'[13]

12) *Boston Herald*, Aug. 18, 1956 ; Doris Kearns Goodwin, *The Fitzgeralds and Kennedys*, New York: Simon & Schuster, 1987, p. 785.

13) Arthur Schlesinger Jr. to JFK, Aug. 22, 1956, Box 534, PPP, JFKL.

잭은 스티븐슨의 선거운동에 가담하면서 정치가다운 진가를 발휘했다. 표면상으로는 스티븐슨의 선거운동이었지만 속내는 자신의 정치적 위상을 제고시키는 것이었다. 그가 보기에 이번 선거는 어차피 인기 절정의 현직 아이젠하워 대통령의 선거였다. 민주당의 스티븐슨이 이길 확률은 거의 없었다. 그렇다면 차기를 내다보고 가능하면 많은 곳을 직접 돌면서 유권자들에게 눈도장을 찍어두자는 속셈이었다. 그는 24개 주를 돌면서 150회가 넘는 연설을 통해 청중들을 사로잡았다. 연설을 통해 잭은 청중들을 쥐락펴락하였다. 그의 특유의 유머와 너스레, 그리고 날카로운 통찰력과 지성은 청중들의 마음을 자신의 것으로 만들어버렸다. 한 예를 들면 '여러분은 제가 짧은 순간이나마 영광스럽게도 미국의 부통령 후보였다는 사실을 기억하실 것입니다. 그러나 국가의 고위 공직을 피하는 것이 진정 고결한 지조를 가진 자의 의무라고 소크라테스가 말한 적이 있습니다. 그러니 시카고에 모였던 대의원들이 제가 미처 깨닫지도 못하는 사이에 저를 고결한 지조를 가진 사람으로 만들어버렸습니다'라고 너스레를 떨면서 자신이 부통령 지명전에 떨어진 사실을 희화화하였다. 잭은 시카고 전당대회의 패배가 오히려 자신에는 뜻밖의 행운임을 실감했다.

잭의 대선가도에 또 다른 대단한 행운이 있다면 그의 퓰리처상 수상이었다. 잭이 1956년에 출간해서 베스트셀러의 반열에 오른 『용기 있는 사람들』이 바로 그에게 그러한 대상을 안겨주었던 것이다. 잭의 저서는 전기 부문 후보작 순위 6위였다. 그런데 앞의 다섯 권을 모조리 제치고 잭의 책이 수상작으로 선정되었다. 이러한 경우는 매우 이례적인 일로 받아들여졌고, 수상에 미심쩍은 구석이 있음을 시사하는 것이기도 했다. 그러나 결정적인 근거가 없는 상황에서 그저 짐작으로만 그럴 것이라고 여길 뿐이다. 아무튼 잭의 퓰리처상 수상은 시기적으로 아주 적절했다. 잭은 내심 자신이 대통령이나 부통령이라는 중책을 맡기에는 나이가 너무 젊고 검증되지 않았다는 점을 매우 염두에 두고 있었다. 1957년 당시 그의 나이 이제 서른아홉 살이었다. 이 상을 받음으로써 잭은 연륜과 경험이 부족하여 국가적 위기에 대처할 능력이 부족하다는 시비로부터 어느 정도 벗어날 수 있을 것으로 판단했다.

많은 사람들이 잭이 언젠가는 대선에 도전하리라고 확신하였지만 1960년 대선을 겨냥하고 뛰고 있다고는 생각하지 않았다. 잭 자신도 스스로를 1960년 후보감이라고 확신하지는 못했다. 물론 기회가 오면 언제든지 출전할 준비가 되어 있지만 스스로 생각해도 너무 젊은 나이, 가톨릭교도라는 약점, 당내 지도자들의 전폭적인 지지 미비, 건강문제에 대한 의혹 등 아직은 여건이 성숙되지 않은 점이 많았다. 미국 정치사를 일별해 봐도 43세의 나이에 백악관에 입성한 전례는 없었다. 시어도어 루스벨트(Theodore Roosevelt)가 42세의 나이에 부통령으로서 암살당한 대통령을 승계하여 백악관에 들어가기는 했으나 그것은 선거에 의한 것이 아니었으므로 예외적인 상황이었다. 나이보다 더 큰 약점은 종교였다. 지금까지 가톨릭교도로서 대통령에 출마한 사람은 단 한 명이었다. 1928년에 출마한 알프레드 스미스(Alfred Smith)였는데 허버트 후버(Herbert Hoover)에게 여지없이 패했다.

잭은 1956년 추수감사절 날 가족들이 모인 자리에서 자신의 대통령 입후보에 관한 문제를 상의했다. 위에서 거론했던 자신의 약점에 관한 논의였다. 부친 조셉은 그런 것은 전혀 문제가 되지 않는다는 듯이 '이 나라는 개신교도들만을 위한 사적 영역이 아니라는 점을 명심해라. 지금 이 나라는 새로운 세대로 꽉 차있다. 그들은 전 세계로부터 들어온 이민자들의 아들과 딸들이다. 그들은 그들 중 한 명이 대통령에 도전한다는 것에 엄청난 자부심을 느끼고 있다. 바로 그 자긍심이 너에게는 원동력이 될 것이다'고 잭의 의기소침한 생각에 활력을 불어 넣었다. 잭 본인도 이미 공직에 대한 야망으로 충만해 있었기 때문에 그 정도의 장애물 앞에서 멈출 생각은 추호도 없었다. 다만 가족들과 더 강한 결속을 다지기 위하여 점검 차원에서 말을 꺼내 본 것이었다. 지난 2년 동안 다져놓은 전국적인 지명도는 수백만의 미국인들이 자신을 지지해줄 자산이 될 것임을 굳게 믿었다. 선거운동 자금은 부친이 아낌없이 조달해줄 것이다.

오직 한 가지 문제가 있다면 건강이었다. 건강 문제는 누구보다도 잭 스스로 잘 알고 있었다. 만일 건강상의 여러

가지 고질병들이 세상에 알려지면 입후보도 못해보고 고배를 마실 가능성이 크기 때문에 잭의 건강 상태는 철통같이 비밀에 부쳐졌다. 잭의 건강상의 모든 문제를 속속들이 아는 사람은 잭의 부모, 아내 재키, 아우 바비, 그리고 몇몇 주치의 정도였다. 다른 사람은 잭이 건강이 좋지 않다는 짐작만 할뿐 그의 병명이나 심각성을 알지 못했다. 심지어 잭에게 약을 꼬박꼬박 챙겨주는 임무를 맡았던 개인 여비서도 잭이 왜 약을 먹는지 몰랐을 정도였다. 그러나 잭의 병세는 생각보다 심각했다. 잭은 1955년 5월과 1957년 10월 사이에 아홉 차례에 걸쳐 44일간 비밀리에 병원에 입원을 해야 했다. 그중에는 일주일 입원이 두 차례, 19일간의 장기 입원이 한 차례 포함되어 있었다. 그런데 잭은 병원에 입원해 있었던 이 기간에 부통령과 대통령 출마를 위한 행보를 시작했다. 잭은 건강상의 이유로 출마 의지를 꺾을 수는 없었다. 질병이 불편한 요인이기는 해도 당장 생명에 지장을 주는 것도 아니고 약물로 충분히 관리하고 있기 때문에 공직을 수행하는 데 지장을 초래하지 않는다고 그는 생각했다.

잭은 1956년 말부터 본격적으로 차기 민주당 후보 지명 대회를 겨냥해 움직임을 개시했다. 이제 모든 장애 요인에 대한 분석과 대처 방안이 세워졌으니 행동을 개시할 때가 온 것이라고 판단했다. 그는 당내의 모든 파벌들로부터 지지를 얻기 위하여 민주당 소속 연방의회 의원들에게 자신의 과거 표결이나 정치적 행동에 대한 해명과 향후 자신의 정치적 입장을 설명하는 서신을 보내곤 하였다. 그는 자신에게 특히 비우호적이었던 남부의 정서를 돌려놓기 위하여 많은 노력을 기울였다. 1950년대 중반 남부를 거론하면 인종문제를 비껴갈 수 없었다. 케네디가 정치에 입문하기 전에 인종문제에 관심이 두었다는 증거는 별로 없다. 그도 그럴 것이 그가 어린 시절부터 접촉한 흑인은 자가용 운전사, 하인, 가정부, 호텔보이 등이 전부였고 그나마 서로 대화하거나 인간관계를 가질 기회가 거의 없었다. 그는 흑인들이 인간적·사회적·법률적 차별을 받고 있음을 인식하고 있었지만, 그들이 느끼는 고통을 실감할 수 없었고 다만 어느 정도 공감만을 하고 있을 뿐이었다. 따라서 잭은 뿌리 깊은 남부의 인종차별 문제에 대하여 도덕적으로 접근하기보다는 정략적으로 접근하는 경향을 보였다.

그러한 일환으로 1956~1957년 잭은 민권과 관련해 민주당의 모든 파벌과 세력을 수용하기 위한 전략을 짰다. 그러다보니 민권관련 법안에 대하여 일정한 소신과 기준이 있는 것이 아니라 정치적 편의에 따라 우왕좌왕하는 모습을 보이게 되었다. 그 한 예로 1957년 민권법안이 하원에서 상원으로 넘어온 뒤 잭은 남부 출신 의원들의 환심을 사기 위하여 그 법안에 반대표를 던졌다. 당연한 일이지만 남부를 편든 것 때문에 잭은 민권옹호 진영으로부터 상당한 비난을 감수해야 했다. 이러한 비난을 만회하기 위하여 이번에는 달리 행동했다. 학교의 인종차별 철폐를 강제하기 위해 법무장관에게 군을 동원할 수 있는 권한을 부여한다는 법안이 상정되었을 때 남부 출신 의원들은 일제히 반대의사를 표명하였다. 잭은 법안의 내용이 매우 과격하기 때문에 상원에서 과반을 얻지 못하여 결국 폐기될 것으로 내다보고, 이번에는 그 법안에 찬성하는 태도를 표명했다. 잭의 예상대로 그 법안은 남부와 온건파가 제휴해 52대 83로 부결되었다. 찬성표를 행사한 덕분에 잭은 개혁 진영의 신뢰를 다시 회복할 수 있었고 남부 보수 성향의 인사들도 잭의 처지를 이해해 줌으로써 양 진영으로부터 배척되지는 않았지만 떳떳한 처사라고 할 수는 없었다. 민권법에 대한 이러한 잭의 오락가락 행보는 그 이후에도 여러 차례 반복되었다. 잭이 신념과 정의, 그리고 정직을 바탕으로 하는 용기 있는 정치인이라는 찬사는 당분간 보류해야 했지만 비교적 온건한 중도적 이미지를 심는 것과 남부의 민심을 얻는 데는 성과를 거두었다.

잭이 대선 행보를 위한 이미지 제고 작업으로 벌인 또

하나의 일은 동생 로버트와 함께 공동으로 노동계의 비리를 파헤치기 위해 조사 활동에 착수하는 것이었다. 당시 노동조합의 비리는 매우 광범위하고 조직적으로 자행되고 있었다. 특히 미국 트럭운전사조합 내부에서 행해지는 갈취·협잡 등의 비리는 일반인들의 입에도 오르내릴 만큼 심각했다. 조사에 대한 착수는 동생 로버트가 먼저 시작했다. 당시 로버트는 상원 상설 조사 소위원회 법률자문으로 봉직하고 있었다. 아우의 간곡한 요청에 따라 잭은 합동 조사와 노동 소위원회 위원직을 수락한다는 결정을 내렸다. 부친 조셉은 이에 대해 강력 반대했다. 1960년 선거에서 노동계의 지지를 잃을 수도 있다는 것이 그 이유였다. 그러나 잭과 로버트와 판단은 달랐다. 두 사람이 조사에 관여할 경우 정치적 손해보다는 이득이 훨씬 크다고 확신했다. 왜냐하면 노동조합의 비리를 조사하는 활동은 노동계 전체를 대상으로 하는 것이 아니라 일부 부패한 간부들을 대상으로 진행하는 것이기 때문에 오히려 일반 조합원들이나 일반 국민들에게는 부정부패를 척결하려는 올바른 대의명분을 견지하는 인물로 부각될 수 있다는 판단이었다. 그들의 결정은 옳았다. 예상했던 것보다 일반 국민들의 호응은 훨씬 더 컸다. 그만큼 당시 노동조합의 문제가 심각했음을 의미했다. 일반적으로 1950년대 노동조합하면 트럭운전사조합의 데이브 베크(Dave Beck)나 지미 호파(Jimmy Hoffa)와 같은 부패한 노조 지도자들이 먼저 떠오를 정도로 국민들의 인식이 좋지 않았다. 케네디 형제는 바로 이 점을 노렸던 것이다. 부패한 노조 지도자들을 상대로 싸운다는 구도는 그 결과가 어떻게 나오든 정치적으로 매우 이득이 되는 상황이었다. 이 활동을 통하여 케네디는 자신의 저서 『용기 있는 사람들』에서 나오는 위대한 정치가들처럼 자신의 정치적 이득보다는 국가와 국민을 위해 고군분투하는 훌륭한 상원 의원으로 부각될 수 있었다.

잭은 국내 이슈나 정책에 대해서 신중하게 접근하면서도 때로는 기회주의적인 면을 보여주었다. 대선 행보에 초점을 맞추다보니 여러 정파와 파벌들로부터 배척을 당하지 않아야 하기 때문이기도 했고, 또 다른 한편으로는 출신 지역구의 이해관계 등을 고려할 수밖에 없는 상황 때문이기도 했다. 그러나 대외정책과 국가안보 분야는 국내 정책에 비하여 이 눈치 저 눈치 안보고 훨씬 자유롭게 자신의 의지를 펼칠 수 있는 분야였다. 미국 대통령 선거에서 후보자들의 공약은 크게 국내정책과 대외정책 분야로 구분된다. 시대에 따라서 약간의 차이는 있지만 제2차 세계대전과 더불어 미국이 세계의 최고 강대국으로 발돋움 한 이후 대통령 선거전에서 대외정책에 관한 공약이 매우 중요한 사안으로 작용하였다. 특히 냉전이 격화되고 있었던 1952년과 1956년 대선에서는 유권자들이 경제보다 오히려 안보문제와 대외정책 문제에 더 주목하였다. 따라서 1960년 대선에서도 대외문제는 매우 중요한 이슈가 될 전망이었다. 잭이 보기에 정치적 이상과 국가 이익을 논하기에는 국내문제보다도 대외정책 분야가 훨씬 더 잘 어울렸다. 국내문제는 여러 이익집단의 이해관계가 엇갈리는 경우가 많아서 자칫 어느 한 쪽의 편을 든다는 오해를 받기 쉬우나, 대외문제는 국가들 사이의 이해관계가 교차하기 때문에 미국이 하나의 집단이 되며 그것도 세계 최강의 집단이기 때문에 미국적 이상과 국익을 논할 수 있고 그것을 국제사회에 하나의 기준으로 제시할 수 있는 힘과 영향력을 발휘할 수 있다는 점에서 잭의 이상에 한결 부합했던 것이다. 더구나 케네디는 대외정책에 관해서는 상당한 자신감이 있었다. 잭은 외교 분야에서 명성을 쌓기 위하여 상원외교분과위원회에 들어가고 싶어 했다. 그러나 다른 분과위원회와 달리 외교분과위원회는 지원자가 많아서 초선의원으로서는 들어가기 쉽지 않은 상황이었다. 부친 조셉의 후원과 린든 존슨의 도움으로 1957년 1월에 드디어 소원을 성취할 수 있었다. 존슨은 후에 잭이 외교분과위원회에 들어가게 된 경위를 다음과 같이 회고했다. '조셉이 나에게 선물공세를 펼치면서 만일 잭을 외교분과위원회에 배정해주면 남은 인생 동안 그 은혜를 결코 잊지 않겠노라고 통사정을 하더군요. 저는 막강한 권세와 재력이 있는 분이 나에게 남은 인생 동안 빚졌다는 생각을 할 것이라고 생각하니 그 그림이 아주 마음에 들었습니다'[14] 잭의 위원회 배정은 상원 임기를 2년 남짓 남겨둔 시기였지만 대외문제에 관한 자신의 능력을 보여주기에는 충분한 시간이었다.

14) D. Goodwin, *Fitzgeralds and Kennedys*, p. 790.

잭은 위원회 직책을 활용해 바람직한 미국의 대외정책 의제를 공론화하는 한편 자신도 외교 전문가로서 지명도를 높여갔다. 냉전이 한창인 상황에서 미국 외교정책이라는 의제를 다룬다는 것은 여러모로 이득이 되는 상황이었다. 국내문제에 대한 논의보다도 외교문제에 관한 논의는 의제 자체가 크고 전 세계를 향한 메시지가 많기 때문에 국내외적으로 큰 인물이라는 인상을 심어줄 수 있다는 강점이 있었다. 잭은 이러한 점을 십분 활용했다. 잭이 외교분과위원회에서 활동하는 동안 당내 지도자들뿐만 아니라 일반 식자층도 잭의 대통령 입후보를 기정사실로 받아들이는 분위기였다.

잭에게는 바람직스럽게도 1954년에 시작된 알제리 독립전쟁[15]이 1957년에 중대국면으로 접어들기 시작하였다. 잭은 1954년 베트남 사태 당시 유럽의 식민지주의를 배격하고 토착민들에게 자치권을 회복해야 함을 역설하였지만, 이번 알제리 사태는 다시 한 번 그런 견해를 표명할 수 좋은 기회였다. 1957년 상원 연설을 통해 잭은 알제리 사태에 관한 견해를 다음과 같이 표명했다. '오늘날 세계에서 가장 강력한 힘은 공산주의도 자본주의도 아니며 수소폭탄도 아니고 유도탄도 아닙니다. 그것은 자유와 독립을 향한 인간의 영원한 염원입니다' 그러면서 잭은 미국이 중재를 통해 알제리의 민족자결을 지원하고 프랑스로 하여금 중재를 받아들이도록 촉구하라고 요구했다. 만일 프랑스가 협상을 거부할 경우 자신은 미국이 알제리 독립을 공표하도록 요구하는 압력에 동참하겠다고 선언하였다.16) 잭의 도발적 발언은 프랑스의 반발을 불러왔고 미국정부도 잭의 발언이 분별력을 잃은 것이라고 논박했다. 그러자 잭은 자신의 발언에 확고한 신념을 갖고 있다고 응수했다. 한걸음 더 나가 잭은 『포린 어페어스』 1957년 10월호에 시론을 기고해 미국의 외교정책을 재고할 필요가 있다는 견해를 거듭 표명했다. 시론의 제목은 「민주당원이 본 외교정책」이었다. 논문에서 잭이 주장한 바는 다음과 같다. 현재의 세계는 미-소 대립으로 양극화되어 있을 뿐만 아

15) 알제리독립전쟁은 1954년 11월 알제리민족해방전선(FLN)이 무장봉기를 함으로써 시작되어 각지로 무장투쟁이 확대되었고, 1958년에는 그 병력이 13만 명을 넘는 인민전선으로 발전하였다. 프랑스는 80만의 병력과 5조(兆) 프랑의 군사비를 투입하여 철저한 진압작전을 전개, 알제리 인민 약 100만이 죽고 70만이 투옥되었으며 프랑스군도 1만 2,000명이 전사하였다. 그러나 민족전선을 진압할 수는 없었으며, 1960년 여름부터 메륀·에비앙 등에서 비밀교섭을 벌인 결과, 1962년 3월 에비앙 협정이 성립되어 전쟁은 막을 내리고, 7월 1일에 행한 국민투표에 의하여 알제리의 독립이 선언되었다.

16) JFK, "Imperialism-The Enemy of Freedom," July 2, 1957, Compilation of Speeches.

니라 군소 열강들이 독자적으로 활로를 개척해 나가는 다양한 세계임을 미국인들은 인식해야 한다는 것이다. 즉 미국은 공산주의와 맞서 싸우는 한편 냉전에 대한 그들의 태도에 관계없이 신생국들을 도와야 한다는 것이었다. 잭이 주장했던 바는 미국 외교가 냉전의 군사적 측면만을 중요시할 것이 아니라 경제·사회적 측면도 고려해야 국제사회에서 지도적 위치를 계속 확립할 수 있음을 역설했다고 볼 수 있다.

잭이 미국의 제3세계 외교에 대해서 상당히 진보적이고 자유주의적인 입장을 취했던 반면 소련과의 군사경쟁 문제에 대해서는 보수적이고 대결적인 태도를 취했다는 점을 지적할 수 있다. 마침 1957년 10월 소련이 인공위성 스푸트니크(Sputnik) 1호를 우주에 발사해 지구궤도를 돌게 하는 데 성공하였다. 미국인들은 경악했고, 일각에서는 방위비 지출을 대폭 확대해야 한다는 목소리가 커지고 있었다. 잭이 이러한 움직임에 선동적으로 동참하거나 무분별하게 행정부를 공격하지는 않았지만 1958년 8월 상원연설을 통해 '위태로운 시기'가 매우 빠르게 다가오고 있으며 '미사일 갭'을 겪게 될 것이라고 경고했다. 그렇게 되면 미국은 미사일 방어 능력과 공격 면에서 소련에 크게 뒤지게 될 것이라고 걱정했다. 이러한 격차가 생긴 것은 '국가안보보다 재정안보를 우선시'한 '무사안일'의 결과라고 정부를 공격하였다.

잭의 외교와 국가안보에 대한 절제된 견해와 정부에 대한 공격은 잭을 소신 있는 정치가로 자리 잡게 하는 데 한몫했다. 일반 국민들 사이에서 잭의 인기는 시간이 갈수록 상승세를 타고 있었다. 외교정책에서 소신껏 견해를 표명한 덕분이 컸다. 거기에 더하여 준수한 용모, 탁월한 유머 감각 등 보는 사람까지 흐뭇하게 만드는 매력의 소유자였다. 한 언론 기자는 '우리나라 정치인 중에서 존 F. 케네디 상원 의원만큼 빠르게 성장한 인물은 없다'고 썼다.17) 『타임』, 『라이프』 등 유수의 대중 시사 잡지들이 앞 다투어 잭과 잭의 집안에 관한 스토리를 특집으로 게재하였다. 1959년 조셉은 흐뭇한 표정으로 '요즈음 우리나라에서 잭이 가장 큰 매력적 관심을 끌고 있습니다. 내가 여러분에게 책을 더 많이 팔 수 있는 방법을 알려드리죠, 잭을 표지 모델로 삼으세요'라고 기자들 앞에서 여유를 부렸다.

17) D. Goodwin, *Fitzgeralds and Kennedys*, p. 729.

정치인으로서 그에게 남다른 매력이 있다는 사실은 1958년 상원 의원 재선거전에서 여실히 드러났다. 1952년 캐봇 로지를 상대로 힘겨운 싸움을 하던 때와는 달리 이번에는 어느 누구도 감히 잭을 상대로 출마하려 들지 않았다. 선거는 잭이 직접 나설 필요도 없었다. 정치 보좌관들의 기획에 따라 일사천리로 진행되었고 73.6퍼센트라는 압도적인 찬성으로 재선되었다. 차점자와의 득표에서 매사추세츠 선거 사상 최고의 기록이었고 그 해 미국 상원 의원 선거에서도 2위였다.

잭과 동생 로버트. 로버트는 잭의 가장 믿음직스럽고 가까운 정치적 동지였다. 1957년 노동계의 부패를 다루는 상원 청문회에서 찍은 사진

잭은 상원 의원 6년을 거치면서 내정과 국방·외교 분야에서 많은 것들을 배웠고 괄목할만한 성장을 이루었다. 잭에게 그 시기는 대통령으로 진출하는 데 반드시 거쳐야 할 훈련과정이었다. 상원에 재임하는 동안 잭이 남긴 법안이나 정책 등은 거의 없었다. 그러나 자신의 정치적 이상에 맞게 미국을 발전시키고 세계정세를 호전시킬 복안과 비전은 충분히 갖출 수 있었다. 이제 그런 것들을 실현하기 위해서

좀 더 많은 권한과 자유재량이 필요했다. 그는 1960년에 대권을 향한 기나긴 여정을 떠나기로 마음먹었다.

후보 지명을 위하여

잭이 상원 의원에 재당선되자 모든 사람들이 그를 1960년 대선후보 리스트에 올렸다. 그의 젊음은 더 이상 단점이 아니라 장점으로 작용하기 시작했다. 현직 대통령으로서는 미국 역사상 최고령인 아이젠하워에 견주어 젊고 참신한 매력이 물씬 풍기기 때문이었다.

1953년 9월 12일 재클린 부비에와의 결혼식 장면. 이 결혼식은 '올해의 가장 유명한 결혼식'으로 각광을 받았다.

아이젠하워는 대통령으로서 8년 동안 온 국민의 사랑을 듬뿍 받았다. 그러나 현실적으로 풀어가야 할 국가적 난제들이 산적해 있는 것도 사실이었다. 소련의 위협적인 도전, 지지부진한 경제사정, 인종갈등의 심화 등 해결에 결단력과 지도력을 요하는 문제들이었다. 이러한 난제들을 풀어낼 수 있는 적임자로 케네디가 거론되었고, 그의 젊고 생동감 넘치는 지도력이야말로 당시 미국이 필요로 하는 자산이라고 많은 사람들은 믿었다.

1957년 한 해 동안 케네디를 연사로 모시겠노라는 초청장이 전국에서 약 2,500건이 넘었다. 그의 호소력과 대중적 인기를 실감할 수 있는 대목이다. 1958년 초에 들어서는 매주 100건의 강연 요청이 쇄도했다. 연일 각종 언론과 신문들이 잭과 케네디가의 동정을 전하느라 분주했다. 정치인치고 일찍이 이처럼 인기 연예인에 버금가는 대중적 관심과 호감을 얻은 경우는 미국 역사상 드문 일이었다. 그러한 대중적 인기는 민주당원들에게도 고스란히 영향을 미쳤다. 1959년 조사에 의하면 1956년 전당대회에서 대의원으로 활약한 1,220명 중 409명이 1960년에는 케네디를 선택할 것이라고 공언했다.[18]

18) Box 25, David Powers Papers, JFKL.

그러나 민주당에서 후보지명전에서 승리한다고 하더라도 공화당의 유력한 예비 후보인 닉슨(Richard M. Nixon)과 경합이 예상되었으며 여론조사 결과는 예측을 불허하는 박빙의 승부였다. 닉슨은 아이젠하워 휘하에서 8년 동안 부통령을 지냈으며 아이젠하워의 지지도 매우 적극적이었다. 임기 말임에도 불구하고 아이젠하워의 지지율은 60퍼센트를 웃돌고 있었다. 그런 양상이라면 공화당의 연속 집권도 유력한 형편이었다. 1959년 상황에서 잭의 대중적 인기는 상당했지만 정치적으로는 무엇 하나 확실한 것이 없었다. 미국의 정당정치에서는 인기도 중요하지만 득표를 위해서 더 중요한 것은 조직이었다. 당원과 대의원들의 마음을 얻지 못하면 끝장이었다. 그런데 1959년 연방의회 민주당 의원들의 지지 분포는 린든 존슨, 애들레이 스티븐슨, 미주리 출신 연방 상원 의원 스튜어트 사이밍턴(Stuart Symington), 잭 케네디 순이었다. 현실적으로 민주당 내에서 잭의 후보 순위는 4위였다. 잭은 무슨 수를 써서라도 당 내에서 살아남아야 했다. 사람들은 그에게 일단 부통령 출마를 권유하였다. 아직 젊은 나이이니 만큼 차기를 노리는 것도 무방하다는 논리였다. 잭은 단호하게 거절하였다. 그가 보기에 만일 이번에 기회를 놓친다면 4년 내지 8년의 세월이 흐를 것이고 그 때가 되면 더 참신한 얼굴들이 나타나서 자신은 뒷전으로 밀려나는 것이었다. 게다가 부통령은 죽어지내는 제2인자로서 차라리 상원 의원만도 못할 수 있다는 것이 그의 생각이었다.

잭의 후보 지명전에 가장 큰 장애 요인은 진보 진영의 반감이었다. 진보적인 민주당원들은 교회에 대하여 매우 비판적이었다. 그들이 보기에 교회란 반대를 포용할 줄 모르는 편협한 권위주의 기구였다. 특히 가톨릭은 충성심을 교회와 국가에 나누어 바친다고 그들은 의심했다. 일반 유권자들도 가톨릭에 대해서는 상당한 반감을 갖고 있었다.

1959년 5월 현재 전체 유권자의 24퍼센트가 비록 대통령으로 온전한 자격을 갖춘 후보라 하더라도 가톨릭교도라면 지지하지 않겠다고 대답했다. 또 진보 진영에서는 케네디가 야망은 크지만 수려한 용모와 시원스러운 매력 말고는 지지할만한 근거가 없는 천박한 바람둥이라고 여기고 있었다. 그러한 평가는 케네디가 상원 의원 시절 진보 진영의 바람대로 표결을 하지 않은 것에 대한 반감도 포함되어 있었다. 매카시즘, 민권법안, 노동조합 등 매우 중요한 사안에 대해서 케네디는 진보 진영의 의견을 존중한 적이 없었다는 것이었다. 진보 진영이 잭을 싫어하는 또 다른 이유는 그의 부친 조셉에 대한 반감 때문이었다. 조셉은 악덕 자본가에다가 전쟁 전에 나치 독일에 유화적인 자세를 보인 것도 그들에게는 싫은 점이었다. 게다가 조셉은 1940년부터 자기 자식 중에서 한 명은 반드시 백악관으로 보내겠다면서 계략을 꾸며왔다고 그들은 굳게 믿었다. 이들이 볼 때 잭은 부친 조셉의 그런 야망을 대행하는 인물에 지나지 않았다. 그들이 케네디를 경계하는 또 한 가지 이유는 진보 진영의 대표주자인 스티븐슨의 세 번째 대권 도전을 케네디가 위협하고 있다는 점이었다. 이들 진보 진영 인사들은 비록 스티븐슨이 아이젠하워에게 두 차례 패했지만 1960년 닉슨을 상대로는 충분히 이길 수 있다고 생각하고 있었다.

이처럼 진보 진영의 반대가 생각보다 거세지자 잭은 일단 출마 의향을 공개적으로 부인했다. 자신은 아직 출마를 확정한 바가 없으며 1960년에 가서 출마여부를 확실히 밝히겠다고 일단 한걸음 뒤로 물러서는 모양새를 갖춤으로써 진보 진영의 공세의 예봉을 피하고자 했다.

잭이 출마여부를 밝히지 않았다고 해서 선거운동까지 중지한 것은 아니었다. 항상 그렇듯이 잭의 뒤에는 모든 일을 도맡아서 처리해주는 부친 조셉이 버티고 있었다. 1958년부터 1960년 잭이 대통령에 당선될 때까지 막후에서 작전을 지휘한 총사령관은 역시 부친 조셉이었다. 풍부한 자금과 탁월하고 경험이 풍부한 인재들, 광범위한 정치적 영향력 등 킹메이커로서 갖추어야 할 자격은 모조리 갖추고 있었다. 잭이 1958년 상원 의원에 재선되고 나서 조셉은 잭에게 '너는 네가 옳다고 생각하는 일을 하면 된다. 정치인들은 우리가 맡을 테니까'라고 힘주어 말했다. 이미 하원 의원과 상원 의원 선거에서도 보았듯이 잭의 선거에서 부친 조셉의 역할은 거의 절대적이었다. 사실 조셉의 자금과 인맥이 없었으면 잭이 과연 지금처럼 정치인으로서 승승장구했을까. 매우 회의적인 대답을 할 수 밖에 없을 것이다. 아무튼 조셉은 잭의 당선을 위하여 무엇이 필요한지 훤히 꿰뚫고 있었다. 조셉은 어떤 인물이 중요한지, 막후의 우두머리는 누구인지를 본능적으로 간파해서 1958년부터 집중적인 관리에 들어갔다. 조셉은 그런 사람들에게 끊임없이 전화 연락을 취하고 필요하면 만나서 성대한 연회와 넉넉한 기부금 내지 후원금을 쥐어주곤 했다. 조셉의 그런 방식은 정치 거물들에게 매우 잘 통하는 방식이었다. 1959년 7월 한 유명한 칼럼니스트는 당시까지 조셉이 잭의 선거운동에 이미 100만 달러 이상을 썼으며 그가 선거운동 배후의 총책이라고 주장했다. 트루먼 전 대통령도 친지들에게 '내가 두려워하는 것은 교황(Pope)이 아니라 아빠(pop)일세'라고 꼬집었다.[19]

19) David McCullough, *Truman*, New York: Simon & Schuster, 1992, p. 970.

1958년 중간선거 결과는 잭에게 대권을 위한 시련의 시간이 다가오고 있음을 의미했다. 왜냐하면 연방의회 선거에서 민주당이 압승을 거두었지만, 의회에 진출한 많은 상·하 양원 민주당 의원들이 진보 진영에 속하고 있었기 때문이었다. 이런 추세라면 1960년 민주당 후보 지명대회를 자유주의 진보 진영이 주도할 가능성이 농후했다. 잭으로서는 진보 진영의 지지를 확보하지 못하면 대선은 물 건너 간 것으로 볼 수밖에 없었다. 진보 진영의 대표주자인 스티븐슨에게 도움을 요청해 봤지만 본인은 1960년 선거에 출마하지 않을 예정이지만 잭을 도와줄 수도 없다는 입장이었다. 다른 방도를 찾아야 할 상황이었다.

잭은 언론과의 인터뷰, 대중 연설 등 기회 있을 때마다 자신은 선진적인 진보 사상을 지지한다는 말을 거듭 강조했다. 그러나 진보 진영은 태도를 쉽게 바꾸지 않았다. 여전히 잭을 스티븐슨의 합당한 대안으로 받아들이려 하지 않았다. 잭과 진보 진영 사이에는 상당히 극복하기 힘든 관점이 존재하고 있었기 때문이었다. 뉴딜이나 페어딜(트루먼 대통령의 자유주의적인 국내 개혁 정책)을 신봉하는 진보적인 민주당원들은 경제 안보와 사회보장 제도, 인종 평등주의 등 전통적인 복지 국가의 관점을 견지하고 있었다. 그러나 잭은 이것을 반대하지는 않았지만 우선권의 관점에서 견해를 달리했다. 잭은 새로운 대외정책을 통하여 냉전으로부터 벗어나야 국내의 번영과 발전이 보장된다고 생각했다. 군비경쟁의 악순환을 끊고 소련을 비롯한 공산권 내부의 변화를 추구하고 개발도상국가들과도 제대로 된 관계를 수립하여 세계정세의 안정을 촉진한 후에 국내 문제를 진지하게 다루어야 진정으로 효과가 있다고 믿었던 것이다. 잭의 이러한 견해는 국내 문제에 천착하고 있는 진보 진영의 틀을 뛰어 넘은 좀 더 큰 자유주의를 지향하고 있었다. 잭의 정치적 견해는 민주당 내에 존재하는 자유주의적 진보 진영과 대립되는 개념이 아니었다. 그는 미국이 처한 국제적 환경이 미국 국내정책에 영향을 미칠 것이기 때문에 냉전이 지배하는 국제적 정치를 먼저 안정시킨 후에 미국의 국내 문제에 천착하는 것이 옳다고 본 것이다.

잭의 선거운동 시절 잭을 면담해서 케네디 선거운동 전기를 집필했던 제임스 번스(James M. Burns)는 잭의 생각을 민주당의 진보 진영이 갖고 있던 자유주의와는 다른 종류의 자유주의라고 주장했다. 케네디는 뉴딜과 페어딜의 이념과 정책은 이미 미국인들의 생활에 푹 배여 있기 때문에 더 이상 자유주의로서의 역할이 끝났다고 보며, 새로운 종류의 자유주의가 요구된다고 생각했다는 것이다. 외교정책에 관해서도 잭은 새로운 안목을 가지려고 노력했다. 평화를 이루기 위해서는 두 가지가 요구되는데 먼저 자유세계와 공산세계의 관계를 원만하게 하거나 힘의 균형을 우리에게 유리하게 변화시킬 전혀 새로운 마술적인 공식이 있을 것이라고 말하는 것은 사람들을 그릇된 방향으로 이끌 수 있다는 것을 알아야 한다고 그는 역설했다. 그러면서 그는 미국이 최강의 군사력을 갖추면 러시아나 중국으로 하여금 무기를 내려놓게 할 수 있으며 그렇게 되면 비군사영역으로의 변환이 경쟁적으로 일어날 것이라고 내다봤다. 그런 연후에 두 체제 간의 경쟁은 어느 체제가 더 잘 굴러가는가, 어느 체제의 정치·경제·사회적 조직이 신생 국가들에서 국민의 삶을 더 효과적으로 변화시킬 수 있는가에

관한 시험이 될 것이라고 그는 예견했다.[20]

20) James M. Burns, *John F. Kennedy: A Political Profile*, New York: Harcourt Brace, 1959, pp. 266~271.

케네디의 새로운 자유주의의 개념은 과연 그가 어떤 사회를 지향하겠다는 것인지 정확히 제시하지 않았다. 아직 그의 소신과 정책이 구체적으로 무르익지 않았거나 또는 자신만의 정체성을 찾다보니 다소 모호한 개념의 자유주의를 제시한 것으로 파악된다. 왜냐하면 뉴딜과 페어딜을 더 이상 자유주의로 보지 않고 새로운 자유주의를 제창한다면 구체적으로 그것은 어떤 사회를 지향하겠다는 것인지, 정부의 역할은 어떻게 규정하는지에 관한 문제들이 언급되어야 함에도 불구하고 그런 내용은 찾아볼 수 없다는 것이다. 외교정책에 관한 생각은 더욱더 그 이전의 정책과 크게 다를 바 없는 내용이다. 일단 공산권과의 군사력 경쟁에서 이겨야 다음 단계인 비군사적 부문의 경쟁으로 갈 수 있다는 개념은 제2차 세계대전 이후에 미국이 군사력 증강의 명분으로 줄곧 주장해왔던 내용이었다. 문제는 소련과 중국이 미국의 강력한 군사력 앞에 고분고분 굴복하면서 체제 경쟁에 나서주지 않을 것이라는 점이다. 오히려 미국의 군사력 증강에 맞서서 더욱 더 치열하게 군비를 증강시켜 왔던 것이 당시까지의 냉전의 역사였다. 그러한 사실을 누구보다 잘 알고 있는 케네디가 외교정책으로 제시한 견해는 냉전에 대한 새로운 안목이 아니라 기존의 방식을 고수하면서 제3세계에 미국의 영향력을 넓혀가겠다는 다분히 현실적인 방법이었다. 다만 제3세계에 대한 영향력 행사의 수단으로서 주로 군사력에 의지했던 기존의 방식을 바꾸어 해당 지역의 정치·경제·사회적 발전을 도와줌으로써 영향력 확대를 꾀해야 한다는 케네디의 견해는 경청할 만하다.

1960년 당시에는 후보 지명을 위한 예비선거가 16개 주에서만 실시되었는데, 해당 주의 민주당 수뇌부를 누가 장악하느냐에 따라 승부가 결정되었다. 잭 진영은 명망 있는 주요 당원들과 개인적으로 긴밀한 관계를 갖기 위하여 동분서주하였다. 16개주 예비선거를 치르기 위해 잭 진영은 잭의 누이동생 진(Jean)의 남편인 스미스(Steve Smith)를 기용했다. 스미스는 워싱턴 연방의회 의사당 근처에 건물을 임대하여 지지와 제휴 가능성이 있는 사람들의 명부를 작성하고 가능성 순위에 따라 10개 급등으로 분류했다. 스미스의 주요 임무는 전당대회 대의원이나 유망한 대의원 후보들에게 편지와 전화로 연락을 취하는 것이었다.[21] 이처럼 열심히 노력한 덕분에 1959년 10월의 여론조사 결과는 잭에게 상당히 고무적이었다. 전국의 군 단위 민주당 위원장 1,454명을 상대로 '1960년 대선을 위하여 민주당 후보로 누가 지명을 받을 것 같은가?'라는 설문에 잭 케네

---

21) Burns, *John F. Kennedy*, p. 233

디 32퍼센트, 사이밍턴 27퍼센트, 스티븐슨 18퍼센트, 존슨 9퍼센트 순으로 응답하였다. 후보 지명 가능성이 상당히 높아진 상황이었다.

그러나 이러한 고무적인 현상은 민주당 내에서의 후보 지명전에 관한 것이었고, 본선에서 공화당의 닉슨 후보를 상대했을 경우를 상정한 여론조사는 여전히 실망스러운 것이었다. 두 호부가 맞붙었을 경우 케네디가 이길 수 있다고 응답한 사람은 31퍼센트였고 닉슨이 이긴다는 응답은 61퍼센트였다. 닉슨은 부통령으로 높은 지명도와 풍부한 국정 운영 경험을 갖고 있다는 것이 유권자들에게 큰 장점으로 부각되는 상황이었다. 유권자들이 보기에 케네디는 아직도 검증되지 않은, 중책을 맡기기에는 불안한 구석이 남아 있는 정치인이었던 것이다. 케네디는 가만히 앉아서 선거 전략이나 짜면서 언론 플레이로 유권자의 마음을 얻는 데는 한계가 있다는 것을 인정하지 않을 수 없었다. 더 이상 뒤에서 소극적으로 어물거릴 때가 아니었다. 밖으로 뛰쳐나가서 유권자들을 직접 만나야 했다. 스스로 국가를 책임질 능력이 충분함을 입증해야 했다. 1959년 가을, 아직 입후보 의사를 공식적으로 천명하지 않은 상황이었지만 잭은 미국 전역을 누비는 강도 높은 선거운동에 돌입했다. 잭은 청중의 규모나 장소에 관계없이 닥치는 대로 유세를 펼쳤다. 유세가 거듭됨에 따라 잭은 청중과 공감대를 형성하고 그들의 심금을 울리는 법을 터득해 갔다. 그러나 유세전은 매우 힘들었다. 척추의 통증과 경련은 고통을 배가시켰고, 때로는 절망적인 심정까지 들게 만들었다. 그러나 비록 패배할지라도 이제 중도에 포기할 수는 없는 노릇이었다. 승리할 것이라는 확신을 갖고 끝까지 경주를 마치는 수밖에 없음을 잭은 잘 알고 있었다. 10월에 동생 로버트가 모든 일을 접고 형의 승리를 위하여 뛰어들었다. 선거운동 총괄책임을 맡은 것이다. 그의 합류로 잭의 선거운동 진영은 활기를 띠기 시작했다. 로버트는 일에 관해서는 철두철미했다. 주요 보좌관들과 운동원들을 불러 모아놓고 매일같이 임무를 부여하고 점검하고 잘 안된 일에 대해서는 불같이 화를 내면서 사람들을 몰아갔다. 로버트의 합세로 잭의 진영은 제대로 된 선거캠프를 차린 셈이 되었고 드디어 1960년 1월 2일 잭은 대통령 입후보 의사를 공식 천명했다.[22]

22) Paul B. Fay Jr., *The Pleasure of His Company*, New York: Harper & Row, 1966, pp. 76-77.

첫 예비선거는 3월 6일 뉴햄프셔 주를 시작으로 줄줄이 예정되어 있었다. 모든 유력 후보들이 모두 각 주의 예비선거에 등록하는 것은 아니지만 케네디는 자신이 출마하는 모든 주에서 그야말로 혼신의 힘을 기울였다. 다른 유력 후보들은 자신이 불리한 주에서는 예비선거를 슬슬 피하면서 막판 담합과 밀실협상을 통하여 지명권을 따내려고 하고 있었다. 이에 반하여 당원들과 유권자들에게 직접 어필하는 방법밖에 없는 잭은 초반부터 적극적으로 치고 나왔다. 잭은 예비선거라는 진정한 경쟁을 통해서 우뚝 솟아오르면서 후보 지명이 온통 밀실담합만으로 이루어지는 것이 아니라는 것을 증명해야 했다. 이러한 전략은 후보 지명전에서 승리하고 본선에 올라갈 경우를 대비해서도 매우 유효한 전략이었다. 이를 위해 유력한 후보가 출마하는 주에서 경합을 벌여 승리를 쟁취해야 했다. 위스콘신 주 예비선거에서 강력한 후보 중 한 사람인 험프리와 맞붙기로 했다. 위스콘신 주는 개신교도들이 무척 많은 주였다. 또한 험프리는 위스콘신 바로 옆 주인 미네소타의 상원 의원이었기 때문에 안방에서 선거를 치르는 것이나 마찬가지였다. 잭에게 상당히 불리한 여건인 셈이었다. 만일 여기서 패한다면 전당대회에서 후보 지명을 받을 수 없을지도 몰랐다. 그야말로 위스콘신 주는 잭에게 후보 지명전의 분수령이나 다름없었다. 위험이 크면 보상도 큰 법.

위스콘신 주 선거전은 2월 중순부터 4월 초순까지 6주 동안 진행되었다. 그 6주는 잭에게는 대권 가능성을 시험받는 기간이기도 했다. 잭은 상대인 험프리 진영의 공격, 적대적인 지역 언론 등 숱한 약점에 더하여 추위에 악화된 건강과도 싸워야 했다. 잭은 험프리 진영의 악의적인 비난과 공격에 일절 대응하지 않고 자신의 장점과 매력을 십분 발휘하는 포지티브 전략을 시종일관 구사했다. 케네디 진영의 선거 운동은 거의 인기 연예인의 공연을 방불케 하는 경우가 많았다. 수많은 사람들이 케네디의 사인을 받기 위해 몸싸움을 벌이고, 연신 케네디를 연호하면서 박수와 환호를 보내고 케네디는 그에 대한 응답으로 노래 대신 멋진 연설로 응대하는 것이었다. 사람들에게 케네디 가문 자체가 매력적이었다. 그동안 언론에 의해서 미화된 부분도 많았지만, 실제로 가난한 이민자 신분에서 억만장자의 꿈을 이룬 소위 '아메리칸 드림'의 본보기인 케네디 집안사람들을 보기 위해 사람들은 구름처럼 몰려들었다. 잭과 로버트, 모친 로즈와 누이동생들까지 그야말로 온 가족이 발 벗고 나섰으니, 험프리로서는 중과부적이었다. 험프리는 마치 대형마트 옆에 쪼그리고 앉아 있는 조그마한 야채가게 주인 같았다. 4월 5일, 잭은 총 유효 표의 56.5퍼센트라는 득표율로 승리를 거두었다. 그가 얻은 47만 6,024표는 위스콘신 주 예비선거 57년 역사상 최다 득표 기록이었다. 잭이 개신교 성향의 위스콘신에서 이겼으나 잭의 종교문제가 수그러들기는커녕 오히려 부각되는 경향이 나타났다. 그 이유는 매스컴의 영향이 컸다. 가톨릭교도가 개신교 주에서 이겼다는 보도는 다른 주에서 개신교도들의 결속을 자극한 측면이 있었다. 잭에게는 매우 불리한 상황의 진전이었다.

이번에는 가톨릭교도가 겨우 4퍼센트 정도밖에 안 되는 웨스트버지니아 주에서 또 다시 험프리와 경합을 벌여야 했다. 여론조사 결과도 4 대 6으로 잭이 불리했다. 그러나 잭은 이번에도 피할 수 없는 승부를 치러야 했다. 이번에 이기면 종교문제가 묻히기를 바라면서. 잭 진영은 종교문제를 정면 돌파하기로 결정했다. 피하고 숨길 수 없는 것이라면 정면으로 맞서는 것이 최상이었다. 잭은 유세에서 '저는 가톨릭교도입니다. 제가 날 때부터 가톨릭이었다는 사실이 제가 미합중국의 대통령이 되어서는 안 된다는 뜻입니까? 저는 연방의회에서 소임을 다했고 제 형은 조국을 위해 목숨을 바쳤습니다. 그런데 제가 대통령이 되어서는 안 된다는 것입니까?' 잭은 또 자신이 조국을 위해 목숨을 잃을 뻔했다는 점을 집중적으로 부각했다. '제가 미합중국 해군에 입대할 때 아무도 저에게 가톨릭이냐고 따져 묻지 않았습니다' 그의 어조는 단호했다. '제 형이 마지막 비행 임무를 위해 전투기에 올라가기 전에 아무도 그에게 가톨릭이냐 개신교냐 묻지 않았습니다.'[23] 그가 전하고자 하는 뜻은 분명했다. 종교는 미국에 대한 충성심을 결정하지 않는다는 것이었다. 잭은 웨스트버지니아 주 구석구석을 누볐고, 가족, 친지, 친구 등 가용한 모든 인

[23] Kenneth O'Donnell and David F. Powers, "*Johnny, We Hardly Knew Ye*," Boston: Little, Brown, 1970, pp. 166~167.

력을 총동원했다. 처음에는 표를 구하기 위해 주 곳곳을 찾았는데 이 여행이 잭에게 중요한 경험을 선사했다. 정말로 가난한 사람들의 실상을 낱낱이 보게 된 것이다. 비참한 모습과 가난에 찌든 어린이들, 옥수수가루로 끼니를 때우는 사람들, 일자리가 없어서 버려지는 인재들. 잭은 경악을 금치 못했다. 미국에 아직도 이런 곳과 이런 사람들이 있다니! 잭은 아이젠하워 행정부의 무관심과 홀대를 규탄하면서 민생고 완화와 경제활동 기회 확대를 위한 10개 항목의 시책을 입안해 제시했다. 대부분 서민 생활의 안정과 경제활동의 보장 등에 관한 것들이었다. 5월 10일 선거에서 잭은 60.8퍼센트 대 39.2퍼센트라는 대승을 거두었다. 드디어 케네디가 개신교 표를 대거 확보할 수 있는 가능성을 본 것이다. 돈으로 표를 사들였다는 비난이 일었지만, 조사결과 적법한 절차를 거쳐 돈을 지출했다는 것이 입증되었다. 당시에는 돈만 있으면 얼마든지 적법한 절차로 쓸 수 있는 방법이 있었던 것이다. 즉 케네디가 많은 자금을 쓴 것은 사실이지만 법을 어기지는 않았다는 것이다. 자본주의 국가다운 선거제도였다. 웨스트버지니아 결전 이후 연속으로 치른 예비선거에서 잭은 연전연승을 거두었다.

그러나 마지막으로 넘어야 할 산이 한 개 더 남아 있었다. 바로 진보진영의 지지확보였다. 민주당의 진보진영은 여전히 잭을 의심하면서 스티븐슨 후보 추대에 희망을 걸고 있었다. 당시 추세로 봐서 스티븐슨이 후보에 지명될 가능성은 높지 않았지만, 그가 갖고 있는 진보진영의 표는 잭에게 절대적으로 필요한 상황이었다. 당시 잭 진영의 계산으로는 후보지명에 필요한 761표 중 80~100표가 부족한 게 확실했다. 잭은 중간에 사람을 넣어 스티븐슨에게 지지에 대한 보답으로 국무장관 자리를 주겠다는 등 이런저런 제안으로 그의 지지를 확보하려고 노력했다. 그러나 스티븐슨은 잭의 요청을 거절하면서 그 대신 방해는 하지 않겠다는 말만 되풀이 했다. 린든 존슨도 잭에게는 매우 큰 장애물이었다. 존슨은 예비선거에 나오지도 않으면서 잭의 예비선거 승리를 비하하는 발언을 서슴지 않았다. 미국 국민은 예비선거 몇 번 치른 결과를 토대로 대통령 후보를 지명하지 않는다. 왜냐하면 유권자의 참여가 제한적이기 때문이다. 존슨은 또 '뉴욕이나 뉴저지, 일리노이 주 대도시의 지도자 중 잭을 원하는 이는 아무도 없다'고 단언하기도 했다. 이렇듯 스티븐슨은 한사코 물러나려 하지 않는 상황이었고, 존슨은 뒤늦게 후보 지명의 기회를 엿보고 있는 형국이었다. 7월 5일 존슨이 입후보를 발표하고 잭에 대한 공세를 강화했다. 존슨의 주요 공격 포인트는 잭의 건강과 나이였다. 잭은 애디슨 병 환자이기 때문에 대통령 직무 수행에 문제가 있다는 것이었다. 그러나 존슨은 잭의 건강상의 문제에 대한 결정적 증거를 제시할 수 없었다. 그냥 소문과 추측에 의지했을 뿐이었다. 물론 그 소문과 추측은 정확했지만 잭에게 결정적인 상처를 입힐 수는 없었다. 겉보기에 잭은 매우 멀쩡했기 때문이었다. 그 밖에도 존슨은 잭이 대통령이 되면 부친 조셉이 국정을 좌지우지하고 아우 로버트가 노동부 장관이 될 것이라고 장담했다.[24] 케네디 진영에서는 존슨의 전략이 야비하다고 응수하면서 잭은 애디슨 병을 앓고 있지 않으며 그의 건강은 아주 양호하다고 발표하였다. 케네디는 결국 마지막 장애물을 넘지 못한 채 7월 13일 전당대회를 맞이해야 했다. 물론 승산은 충분했다. 그러나 잭은 1차 투표에서 승리하지 못하면 이변이 생길 수 있다고 생각했다. 과거의 전당대회의 역사가 증명하듯이. 그러나 이변은 연출되지 않았다. 예상대로 잭이 1차 투표에서 과반수에서 2표 많은 763표를 얻음으로써 기나긴 장정의 마침표를 찍었다.

24) Dallek, *Long Star Rising: Lyndon Johnson and His Time, 1908~1960*, New York: Oxford University Press, 1991, pp. 569~573.

대통령 선거

잭이 러닝메이트로 선택한 사람은 남부 출신의 린든 존

슨이었다. 존슨은 후보 지명전 과정에서 케네디 가문에게 막말을 일삼은 사람이었지만 그것은 어디까지나 선거과정에서 있었던 일이었고, 지금은 국가의 중대사를 결정하는 순간이었다. 잭은 수많은 후보들 중에서 존슨이 가장 적임이라고 보았다. 정치적 판세로 볼 때 존슨은 힘겹고 중요한 주에서 승리에 도움이 될 가능성이 컸다. 주변 사람들의 권고도 존슨을 러닝메이트로 삼아야 공화당을 꺾을 수 있다는 견해였다. 잭은 존슨을 받아들일 생각이 있었지만 문제는 존슨이 다수당 원내대표라는 그 막강한 의회의 수장자리를 마다하고 허울뿐인 부통령 후보를 수락하겠느냐였다. 잭은 회의적이었다. 존슨처럼 군림하기 좋아하는 유형의 인물이 다른 사람도 아닌 대통령 후보직을 빼앗아간 장본인의 밑으로 들어온다? 더구나 대통령감으로는 자기보다 자질도 한참 부족하다고 치부했던 사람에게 고개를 숙이고 들어온다는 것을 잭은 좀처럼 상상하기 어려웠다.

그런데 잭이 미처 생각하지 못한 점이 있었다. 존슨은 감히 말하지 못했을 뿐 부통령직을 간절히 바라고 있었다. 1960년 무렵이면 다수당 원내대표로서 그의 상원에 대한 장악력은 현저히 약화되어 있었다. 그 원인은 1958년 선거에서 민주당이 압승을 거두면서 진보진영의 인사들이 대거 당선되어 원내로 진입하였기 때문에 남부 보수주의자였던 존슨의 권위가 상당히 잠식당했던 것이다. 그런 와중에 만일 케네디가 자신의 도움 없이 당선될 경우 백악관은 입법 관련 의제를 독점하게 될 것이고 자신은 비록 다수당의 수장이지만 상원에서 백악관을 대신하여 의사봉이나 두드리는 신세로 전락할 것이 명확했다. 부통령 출마는 이러한 부담을 말끔히 털어낼 수 있는 묘안이 될 수도 있었다. 뿐만 아니라 상당한 정치적 이익도 예상되었다. 이 선거에서 케네디가 패한다고 하더라도 자신은 1964년 대선 후보 지명 때 부활할 수 있을 것이었다. 말하자면 부통령 자리는 존슨에게 상당한 정치적 이익을 가져다 줄 꽃놀이 패였던 셈이다.

존슨을 선택하려는 움직임은 노동계와 진보진영의 반발을 불러왔다. 이들은 이구동성으로 존슨을 러닝메이트로 선택할 경우 전당대회를 보이콧하겠다고 으름장을 놓았다. 난처해진 잭은 존슨의 선택은 당선을 위한 방편이며, 또한 그가 계속 상원 원내대표로 있을 경우 민주당에서 제출하는 모든 개혁 법안에 제동을 걸 것이기 때문에 그를 상원에서 빼내는 것이 더 유리하다고 진보진영을 설득하였으나 그들의 입장은 완강했다. 부통령으로 존슨을 선택하려는 잭은 내심 동요하고 있었다. 남부의 지지도 중요하지만 전국에 흩어져 있는 진보 개혁 진영의 지지도 결코 만만히 볼 수 없었다. 잭은 동생 로버트를 동원해서 일을 풀어보려고 했다. 로버트는 일단 존슨에게 반대가 심하니 조금만 기다리라는 말로 여차하면 부통령 카드가 물건너 갈 수도 있음을 시사하면서 존슨으로 하여금 진보진영의 입맛에 맞는 조건을 제시하도록 은근히 압력을 넣었다. 부통령직을 간절히 원했던 존슨은 결국 당 강령의 민권관련 항목을 적극 지지하겠다는 다짐을 진보진영에 함으로써 이들의 묵인을 얻어 낼 수 있었다.

이제 내부적으로 모든 것이 정리된 상황이었다. 상당한 소모전을 치르기는 했지만 대통령 후보 지위를 얻었고, 큰 정치적 논란 없이 부통령 후보도 지명했다. 이제는 공화당 닉슨 후보와 마지막 결전을 위해 모든 것을 쏟아부어야 할 차례였다. 잭은 후회 없는 일전을 원했다. 일단 선거운동의 핵심 기조와 주요 방향을 잡아야 했다. 잭은 그 점에 대해서는 나름대로 확신이 있었다. 미국은 국가적 목표의식을 상실했다는 확신. 1950년대 이래 물질적 풍요가 미국 사회를 지루하고 생기 없는 사회로 만들었으며 국내외의 문제들에 대하여 단호히 대처할 도덕적 결의마저 빼앗아갔다는 많은 동시대 비평가들의 진단에 잭도 동의하고 있었다. 따라서 케네디는 공동의 목표의식과 고무적인 목표에 대한 인식을 선거운동의 핵심으로 삼을 작정이었다. 그는 7월 15일 행한 후보 수락 연설에서 그러한 생각을 제시했다. 그의 연설

몇 대목을 옮기면 다음과 같다.25)

25) JFK Acceptance Speech, July 15, 1960, Box 1027, PPP, JFKL.

지금 세계는 변하고 있습니다. 구시대는 막을 내리고 있습니다. 낡은 방식은 통하지 않습니다. 해외에서 힘의 균형이 변화하고 있습니다. 현재 새롭고 더욱 가공할 무기들, 불확실한 신생국가들, 새롭게 대두되는 인구증가와 박탈감 등이 존재하고 있습니다……. 세계는 진즉부터 전쟁의 위협에 시달려왔습니다만 지금까지 모든 위협으로부터 생존을 유지해왔던 인류는 이제 그 손아귀에 일곱 번 이상 지구상의 전 생물을 멸할 수 있는 힘을 갖게 되었습니다. 이곳 국내에서도 미래의 변화하는 국면이 동일하게 혁명적입니다. 뉴딜과 페어딜은 그 세대에게는 과감한 조처였습니다. 그러나 이제 새로운 세대가 시작되었습니다.

너무나 많은 미국인들이 삶의 길과 의지를 상실했고, 역사적 목적의식마저 잃어버렸습니다. 한마디로 지금은 새로운 리더십의 세대입니다. 새로운 난제들과 새로운 도전들을 헤쳐 나갈 새로운 지도자 말입니다.……나는 오늘 밤 과거에 마지막 프런티어였던 곳에서 서쪽을 바라보고 서 있습니다. 내 뒤로 3,000마일이나 멀리 떨어져 있던 땅으로부터 지난날의 선구자들은 이곳 서부에 신세계를 건설하기 위하여 삶의 안전함과 안락함, 때로는 생명까지도 포기했습니다. 그들은 확신에 차 있었으며 자신들의 신분과 처지에 구애받지 않았습니다. 그들의 신조는 '자기 자신을 위한 개인'이 아니라 '공동의 대의를 위한 모두'였습니다.……오늘 우리는 새로운 프런티어의 가장자리에 서 있습니다. 이것은 1960대의 프런티어요, 미지의 기회와 위험의 프런티어요, 아직 성취되지 않은 희망과 위협의 프런티어입니다.

케네디는 구호를 별로 사용하지 않는 편이지만 미국인들을 움직이게 하기 위하여 그는 어떤 마음에 와 닿는 이미지가 필요했고 그것은 뉴프런티어(New Frontier)였다. 케네디에게 뉴프런티어는 도전, 즉 국가가 새로이 위대함과 만나는 지점이었다. 그는 자신이 제안한 뉴프런티어라는 개념을 다음과 같이 설명했다.

내가 말하고 있는 프런티어는 일련의 약속이 아니라 일련의 도전입니다. 그것은 내가 미국 국민들에게 제공하려고 하는 그 무엇이 아니라 내가 국민들에게 요구하려고 하는 것의 총체입니다. 우리나라처럼 조직되고 통치되는 국가가 계속 지속될 수 있을까? 이것은 중요한 문제입니다. 우리는 용기와 의지가 있는가? 우리는 그 일을 해낼 수 있을까, 즉 그 도전을 감당할 수 있을까? 이것이 뉴프런티어의 핵심 질문입니다. 이것은 우리나라가 택해야만 하는 결정입니다. 공공의 이익과 사적인 안락함 사이에서, 국가의 위대함과 국가의 쇠락 사이에서 우리가 택해야 할 선택입니다. 전 인류는 우리의 결정을 기다리고 있습니다. 전 세계는 우리가 어떻게 할지 주목하고 있습니다. 우리는 그들의 신뢰를 저버릴 수 없으며 기필코 노력해야 합니다.

케네디의 뉴프런티어 개념은 이후 케네디의 도전정신과 새로운 도약을 상징하는 아이콘이 되었다. 케네디는 선거의 이슈로서 여러 가지 구체적인 정책들과 정견들을 발표할 것이지만, 그것들의 기초가 되고 그것들을 담을 큰 개념을 제시하고 있는 것이었다.

후보 수락 연설 후 이틀간의 휴가를 마친 잭 진영은 마지막 결전을 위하여 다시 모였다. 물론 동생 로버트가 선거운동 총책임자였다. 부친 조셉은 막후에서 조정과 자금을 담당하면서 두 아들들을 지원하였다. 모든 운동원들이 로버트의 지휘하에 악착같이 일했다. 그럴 수밖에 없었던 이유는 로버트의 인정사정없는 단호한 의지 때문이기도 했다. 그는 '나는 인기 경연대회 출전한 선수가 아니다. 그들이 나를 좋아하던 싫어하던 상관없다. 내가 원하는 건 존 F. 케네디를 당선시키는 것이다'고 매몰차게 말하곤 했다.[26]
로버트가 무자비한 감독이었다면 잭은 선거운동에 도움이 되는 사람이면 누구나 참여시켜서 한몫하게 하

[26] Arthur Schlesinger Jr., *Robert Kennedy and His Times*, Boston: Houghton Mifflin, 1978, p. 213

는 조정자 역할을 했다. 즉 그는 필요한 사람에게 존중심을 느끼게 하고 자발적으로 그 일을 받아들이게 하는 능력을 발휘했다. 로버트가 저돌적이라면 잭은 실리적이고 현실적인 판단하에 정치적 이득이 있으면 참고 설득하는 스타일이었다. 개인적으로 반감이 있거나 자신을 반대했던 사람들도 일일이 찾아가서 도움을 요청하는 성의를 보였다. 잭이 매우 싫어하던 스티븐슨도 7월 말에 만남의 자리를 마련하고 진보진영과 함께 도와줄 것을 정중하게 요청하였다. 이에 대하여 스티븐슨은 당선될 경우 대통령직 인수위원회를 염두에 두고 미리 대비 차원에서 외교정책담당 전문 분과를 구성할 것을 제안하자 잭은 즉석에 동의하고 그에게 수석 책임을 부탁하였다. 8월 초에는 트루먼 전 대통령을 찾아가 지원을 요청했다.[27] 다음으로 잭이 찾아간 사람은 엘레나 루스벨트 여사였다. 한때 적대적이었던 그녀 역시 이제는 트루먼과 마찬가지로 발벗고 나서서 돕겠다고 약속했다. 그러나 아직도 자유주의 진보 진영은 여전히 시큰둥한 반응이었다. 앞으로 의회에서 진보적 법안이 통과될 수 있도록 열심히 노력하겠다고 설득해도 소용없었다. 그들은 케네디의 수락 연설과 정견 발표에서 개혁 지향적인 자세가 결여되어 있다고 본 것이다.

 진보주의자들의 이러한 지적은 정확했다. 잭은 뉴프런티

[27] O'Donnell and Powers, *Johnny, We Hardly Knew Ye,* p. 202.

어라는 지향점만 제시했을 뿐 구체적인 내용을 채우지 않고 있었다. 핵심 참모 중 한 사람이었던 슐레징거는 잭에게 충고하기를 문제의 핵심은 이러저러한 기술적인 정책과 공약이 아니라 획기적인 새 시대에 관한 어떤 것이라고 지적했다. 잭은 슐레징거의 날카로운 지적을 전적으로 받아들여서 9월 중순 뉴욕에서의 연설을 통하여 진보주의자들의 단골 주제들인 민권법, 노동문제 등에 관하여 확실하고도 전향적인 태도를 표명했다. 이를 계기로 진보진영에서 잭을 지지하는 열기가 고조되었고 잭은 한결 가벼운 상황을 맞게 되었다.

7월 말 공화당 전당대회에서 대통령 후보로 닉슨과 부통령 후보로 핸리 캐봇 로지 커플이 탄생하였다. 그들은 후보 수락 연설에서 소련의 위협을 강조하고 자신들만이 국가 안보의 적임자이며 번영을 책임질 당사자임을 역설하였다. 이 전당대회를 고비로 닉슨-로지의 인기는 급상승하였고 여론조사 결과는 닉슨이 53 대 47로 앞선 것으로 나타났다. 그러나 8월 말에 실시한 여론조사는 두 후보가 백중지세임을 나타냈다. 닉슨은 너무 당리당략적이라는 면에서 케네디는 가톨릭교도에다가 나이가 젊다는 것이 약점으로 부각되었다. 공화당에서는 잭이 젊고 매력적인 사람이지만 대통령 직분을 맡기에는 훈련이 부족하다는 주장을 반복적으로 사람들에게 세뇌시키고 있었다. 또 미국 중서부와 남부의 농촌 지역에서는 후보자의 자질이나 정책보다는 종교가 가장 우선시되는 형편이었다. 또 한 가지 뚜렷하게 공론화되지는 않았으나 은연중에 사람들의 입에 오르내리던 문제는 잭의 여성 편력이었다. 잭이 대통령 예비후보 시절인 1959년부터 FBI나 언론사에 잭의 문란한 여성 편력을 고발하는 사진이나 편지 등이 수시로 접수되고 있었다. 그러나 1960년대의 분위기는 결정적인 증거가 있거나 사회적 파장을 일으키는 스캔들이 아니면 부유한 남성들의 문란한 성생활은 크게 문제 삼지 않는 형편이었다. 왜냐하면 대부분 내노라하는 유명 인사들이나 부유한 계층의 남성들은 같은 처지였기 때문에 정적의 성적 탈선행위를 도마에 올리는 것은 금도를 넘어서는 것이었다. 또한 잭의 문란한 생활은 대부분 1955년 이전에 있었던 일로 크게 문제될 것이 없다는 평가가 주류를 이루었다. 자칫 증거도 없이 터트렸다가는 오히려 역으로 당할 수 있기 때문에 서로 크게 문제 삼지 않았다. 엄밀히 말하면 닉슨도 이러한 면에서는 완전히 자유롭다고 할 수 없었기 때문이기도 하였다.[28]

28) Dallek, *An Unfinished Life: John F. Kennedy, 1917~1963*, p. 282.

그러나 잭의 종교문제는 그렇게 간단하게 해결될 문제가 아니었다. 개신교도들 중에서 공화당원들은 잭의 종교를 집요하게 물고 늘어졌다. 이들의 주장은 로마 가톨릭교회는 교회와 세속 국가라는 이중의 역할을 동시에 견지하고 있기 때문에 대통령 선거에서 케네디 후보의 신앙을 당연히 문제 삼아야 한다는 것이었다. 자칫하면 종교문제로 150만 표에 달하는 손실을 감수해야 할지도 몰랐다. 잭의 진영은 이 문제를 정면 대응하기 위하여 서둘러 분과를 구성하고 행동에 들어갔다. 매주 60~1,000통의 편지를 개신교도들에게 보내 가톨릭에 적대적인 행위와 맞서 싸워줄 것을 호소했다. 잭 자신도 참모들의 만류를 물리치고 개신교 목회자 앞에 나타났다. 텔레비전에 생중계되는 약 300명의 적대적인 개신교 목회자들을 상대로 토론을 벌이는 모임이었다. 모임은 연설과 질의응답으로 진행되었는데, 잭은 이 모임이야말로 선거운동에서 결정적 고비가 될 것임을 잘 알고 있었다. 그는 진솔하게 응답했다. 이런 때일수록 침착하고 진실 되게 행동하는 것이 최대의 무기라는 것을 잭은 잘 알고 있었다. 그는 연설에서 선거에서 종교보다 전쟁, 기아, 무지 등 훨씬 더 중요한 사안들이 있지만 당장에는 종교가 관심사이기 때문에 자신의 견해와 의향을 분명히 밝히겠다고 전제하고 다음과 같이 말하였다. '저는 정교 분리가 철저하고 확고한 나라 미국을 믿습니다. 저는 대통령의 종교관은……개인적인 문제라고 믿습니다.……저는 가톨릭의 대통령 후보가 아니라 민주당 대통령 후보입니다. 공교롭게도 가톨릭 신자일 뿐입니다. 저는 교회를 대변하지 않습니다. 교회도 저를 대변하지 않습니다. 만일 저의 직책 때문에 혹시라도 제 양심을 저버리거나 국가 이익을 저버릴 수밖에 없는 상황이 온다면 저는 그 직책에서 물러날 것입니다.'[29] 연설 후에 이어진 터무니없는 질문에도 차분하고 신중한 자세로 답변하는 자제력을 보였다. 결과는 대만족이었다. 수많은 사람들이 잭의 진지함과 침착한 태도에 감명을 받았고, 그의 종교문제는 더 이상 공개적으로 거론되지 않았다.

[29] O'Donnell and Powers, *Johnny, We Hardly Knew Ye*, pp. 209~210.

  종교문제에서 어느 정도 벗어난 잭은 이제 조금 홀가분한 기분으로 유권자들에게 자신이 대통령직을 수행하지 못할 만큼 나이가 젊거나 경험이 부족한 것이 아니라는 점을 납득시키는 데 주력할 수 있었다. 이것을 가장 효과적으로 보여주는 방법은 토론 방식을 통해 닉슨과 겨루는 것이었다. 잭은 닉슨에게 텔레비전으로 중계되는 후보 간 토론을 제안하였다. 텔레비전으로 중계되는 맞대결 토론 방식은 전례가 없었고 아이젠하워는 닉슨에게 잭의 도전에 응하지 말라고 충고했다. 닉슨은 굳이 케네디와 정면 대결할 필요가 없었다. 닉슨은 지명도에서 케네디보다 앞서 있었고, 부통령으로서 8년간 행정 경험을 지니고 있었다. 그러나 닉슨은 정면승부를 피하지 않았다. 그도 텔레비전 토론이라

면 나름대로 자신이 있었다.30) 만일 텔레비전 토론을 피할

30) 닉슨은 1952년 아이젠하워 러닝메이트로 치른 선거전에서 불법증여 물품을 받았다는 주장에 맞서 행한 텔레비전 연설은 그 시점까지 미국 정치인 중에서 텔레비전을 가장 성공적으로 이용한 사례로 꼽혔다.

경우 새로운 흐름으로 자리 잡고 있던 텔레비전 시대를 역행하는 정치인으로 낙인찍혀 받게 될 손실도 만만치 않을 것이라고 닉슨은 판단했다. 케네디도 개신교도들과의 텔레비전 토론에서 개가를 올린 뒤에 자신감으로 충만해 있던 상황이었다. 잭은 수백만 텔레비전 시청자 앞에서 닉슨과 토론함으로써 대통령 자격이 충분한 인물임을 입증할 자신이 있었다. 9월 26일 저녁부터 시작하여 총 네 차례의 텔레비전 토론이 실시되었다. 1차 토론은 미국 성인의 3분의 2에 해당하는 7,000만 명의 이목을 집중시켰다. 토론은 특정 주제에 관하여 후보자 간의 공방으로 진행되었다. 닉슨은 토론시간을 주로 케네디를 비판하거나 자신의 장점을 부각시키는 데 사용한 반면 케네디는 시종일관 미국 국민을 겨냥했다. 닉슨에 대한 비판보다는 자신이 큰 뜻을 지닌 지도자라는 점을 집중 부각시켰고 이 점은 주효했다. 유권자들이 보기에 케네디는 국가적 난제를 해결할 수 있는 지도자라는 인상을 심어준 반면, 닉슨은 경쟁상대보다 우위를 차지하기 위한 안간힘을 쓰는 소심한 인물로 각인된 것이다. 결과는 케네디에게 대성공이었다. 토론을 지켜본 유권자들은 케네디의 침착하고 성실한 답변과 여유로운 태도 등에서 닉슨을 압도

했다고 평가했다. 케네디는 텔레비전 토론을 이용하여 닉슨과의 격차를 많이 줄였다고 확신했다. 그러나 우세를 점하지는 못하고 있다고 판단했다. 좀 더 많은 유권자들의 관심을 끌기 위해서는 공화당 정권의 실책과 결함을 유권자들에게 알려서 그들의 정서를 자극할 필요가 있다고 판단했다. 그러나 여전히 인기가 높은 아이젠하워를 비판하는 것은 삼가고 닉슨의 실정과 결함을 비판하는 데 초점을 모아야했다.

케네디는 닉슨의 면모를 수구반동적인 구식으로 묘사했고, 아이젠하워 행정부의 실정을 모두 닉슨에게 뒤집어씌웠다. 아이젠하워 정부 8년 동안 연평균 경제 성장률은 겨우 2.4퍼센트였다. 민주당이 집권하던 1939년 이래 성장률 5.8퍼센트에 비하면 매우 저조하였고 1950년대 두 차례의 경기침체로 인한 대량 실직, 인플레이션, 초과 지출로 인한 금 보유고 하락 등 경제적 실정은 1960년까지도 회복되지 못하고 있었다. 그 때문에 잭의 지적은 한층 국민들의 공감을 불러일으켰고 이 모든 실정을 닉슨의 잘못으로 몰아갔다. 외교정책 분야에서도 케네디는 미국이 처한 위기 상황을 강조할 경우 실익이 있을 것으로 판단했다. 그는 이미 1958년 8월 소련과의 미사일 갭을 주제로 한 상원 발언에서 크게 주목받은 적이 있었다. 그는 이 부분을 좀 더 물고 늘어지기로 했다. 미국이 핵무기 분야에서 소련에 뒤지기 직전이라는 경고와 더불어 소련의 군사위협을 과장되게 묘사했다. 케네디는 소련이 대륙간 미사일과 중거리 미사일을 겸비하고 있고, 사상 최대 규모의 잠수함 함대와 장거리 초음속 제트 폭격기를 보유하고 있기 때문에 '우리나라 산업의 85퍼센트, 50개 대도시, 인구의 대부분을 파괴할 수 있다'고 주장했다.[31] 현재의 시점에서 보면 케네디의 이러한 주장이 전혀 사실에 근거하지 않았을 뿐만 아니라 국민들에게 공포심을 조장하고 안보위기를 표와 연결시키려는 정략적 행태였다고 비난할 수 있지만, 당시의 상황은 달랐다. 행정부의 극히 일부 사람들을 제외하고는 아무도 미국과 소련 사이의 군사력 차이를 알 수 없었고, 냉전적 사고에 익숙한 반공주의적 이념이 팽배한 상황에서 케네디의 주장은 상당한 설득력을 지닐 수밖에 없었다. 케네디 자신도 이러한 주장을 선동이라고 생각하지 않고 매우 진지하게 걱정하고 염려했던 바를 표명한 것이었다. 케네디의 주장은 반공주의자 닉슨이 바로 이러한 미사일 갭을 초래하는 데 기여했거나 수수방관한 잘못이 있다는 논리였다.

민권 문제는 선거전에서 가장 까다롭고 민감한 사안이었다. 케네디도 학대와 궁핍에 시달리는 흑인 및 소수를 위한

---

[31] JKF, "Eight Years of Defense Programs and Budgets," September, 1960, Box 1028, PPP, JFKL.

법률 제정으로 동등한 처우를 보장할 것을 주장함으로써 투명한 도덕성을 과시하고 싶은 마음은 굴뚝같았으나, 만일 그럴 경우 맞게 될 남부 백인의 거센 반발과 역풍은 선거전에서 여간 부담스러운 것이 아니었다. 그렇다고 이 문제를 회피하면서 선거를 치를 수는 없는 노릇이었다. 케네디는 이 문제를 능동적으로 대처하기로 마음먹고 자신의 보좌관들에게 대처방안을 만들어 올 것을 지시했다. 민권 옹호자 워퍼드(Harris Wofford)를 중심으로 보고서가 만들어졌고 케네디는 그것을 그대로 받아들였다.[32] 선거운동 본부에 민권담당 부서를 설치하고 흑인 여성 로슨(Marjorie Lawson)과 흑인 고참 하원 의원인 시카고 출신의 도슨(William Dawson)을 해당 부서의 책임자로 임명했다. 그밖에도 케네디는 여러 명망 있는 흑인 지도자들에게 협조를 요청했고, 많은 흑인들이 선거운동에 가담하였다. 케네디는 흑인 집회 초청 연설에 응하였고 인종차별과 흑인의 처우 개선에 무관심한 아이젠하워 행정부를 공격하였다. 그는 민권이야말로 '도덕적 문제'라고 규정하면서 자신은 관련 입법을 지지하는 데 그치지 않고 동시에 '대담하고 폭넓은 규모의' 행정적 조치를 취하겠다고 약속했다. 그는 또한 흑인들의 고위 공직 진출 기회를 확대 보장하겠다고 약속했다.

[32] Harris Wofford, *Of Kennedys and King*, New York: Farrar, Straus & Giroux, 1980, pp. 58–65.

케네디가 이처럼 흑인 민권문제에 적극적으로 발언하는 와중에 마틴 루터 킹(Martin Luther King) 목사가 투옥되는 사건이 발생했다. 선거를 2주 앞두고 킹 목사는 조지아 주 애틀랜타의 한 백화점에서 인종차별 철폐를 위한 항의 시위를 하다가 경찰에 연행되어 4개월 징역형을 선고 받고 교도소에 수감되었다. 흑인 사회는 벌집을 쑤신 듯 들끓었고 킹의 아내는 케네디에게 도움을 요청했다. 정치적으로 매우 난감한 사안이었다. 현재 남부 3개 주에서 판세가 결정될 가능성이 높은 데 킹의 석방을 위해 노력할 경우 자칫 남부의 지지를 상실할 수도 있었다. 그러나 케네디는 민권이야말로 '도덕적 문제'라고 표현한 자신의 말에 책임을 져야할 상황에 처한 것이다. 즉 흑인에 대한 그의 태도의 진위가 가늠될 수 있는 상황이었다. 케네디는 비록 남부 백인들의 외면을 받더라도 자신이 한 말을 책임져야 한다고 결정했다. 그는 킹 목사의 부인에게 전화를 걸어 그의 석방을 위해 노력하겠다고 약속했고 곧바로 조지아 주지사에게 전화를 걸어 킹 목사의 석방을 요청했다. 킹 목사는 케네디의 도움으로 석방될 수 있었다. 이와 대조적으로 닉슨은 이 문제에 대하여 전혀 움직이지 않았다. 이 사건으로 케네디는 최소한 델라웨어, 일리노이, 미시간, 뉴저지 등 4개 주에서 추가로 확실한 승기를 잡을 수 있었다. 또한 염려했던 것과 달리 남부 주들의 지지를 그대로 유지하게 되었다. 케네디로서는 신뢰를 보여줌으로써 위기를 기회로 반전시킨 셈이 되었고 추가로 얻은 주들은 케네디의 승리에 크게 이바지하였다.

1960년 9월 26일에 실시된 제1차 텔레비전 토론 장면. 이 토론에서 케네디는 승기를 잡았다.

힘든 4개월 동안의 유세일정을 모두 마치고 드디어 11월 8일 선거 당일을 맞이하였다. 승부는 그야말로 박빙이었다. 최종집계 결과 선거인단 확보 수에서 케네디는 303명, 닉슨은 219명으로 상당한 차이를 기록했지만, 일반 투표의 총 유효 투표수 6,883만 7,000표 중 두 후보 간 득표 차는 11만 8,574표, 그야말로 간발의 차이였다. 케네디의 당선은 아이젠하워 집권 8년 동안 미국의 경제가 침체내지는 제자리걸음을 했다는 사실, 그리고 소련을 비롯한 공산주의의 위협에 효과적으로 대처하지 못했다는 판단 등에서 그 원인을 찾을 수 있다. 그러나 케네디 당선은 당시 미국 사회가 소수자들에 대하여 관용의 미덕을 발휘했다는 데서 좀 더 큰 의미를 부여할 수 있다. 케네디가 가톨릭교도가 아니었다면 넉넉한 차이로 승리할 수 있었을 것이다. 선거 이전에

1960년 11월 9일 당선이 확정된 후 가족들과 함께 기자회견 장면

행한 각종 여론조사는 케네디가 최소한 53~57퍼센트의 득표를 하는 것으로 발표되고 있었다. 그가 근소한 차이로 이

긴 것은 종교 때문이었다. 그러나 한편으로 생각하면 당시까지 미국에서 개신교도가 아니면 대통령이 될 수 없다는 공식이 당연시 되고 있었고 케네디도 대통령이 될 수 없는 상황이었다. 그런데 1960년에 근소한 차이지만 미국 사회는 그를 대통령으로 받아들였다. 미국인들이 사회적 약자, 즉 소수를 포용하기 시작했다는 해석을 할 수 있는 대목이다. 물론 그 이후에도 가톨릭, 흑인, 유대인, 아시아 및 남미 계통의 이민 등 소수인들에 대한 차별은 계속되고 있었지만 많은 백인 기득권자들이 그들을 동등한 시민으로 받아들였고 이것은 미국 사회가 조금씩 개방적인 사회로 이행하고 있다는 증거였다.

케네디, 평화를 향한 리더십 4장

케네디, 평화를 향한 리더십

정부 출범과 의제 설정

 선거전으로 심신을 소모한 케네디는 극도로 피로한 상태에 있었다. 당선 2주 뒤에도 그는 부친 조셉이 휴가 때 칩거를 위해 쓰던 팜비치 별장에 머무르고 있었지만, 여전히 피로를 말끔히 털어내지 못하고 있었다. 그러나 그는 이제 대통령 당선자이고 취임 2개월을 앞두고 있었다. 사람들 앞에서 지친 기색을 보여서는 안 된다는 것을 잘 알고 있었다. 그는 기자들로부터 자신의 건강상태에 관한 질문을 받을 때마다 '대단히 양호하다'는 답변과 함께 애디슨병을 앓고 있다는 소문은 낭설이라고 일축하곤 했다. 그의 장담과 달리 사실 그의 건강상태는 그리 좋은 편이 아니었다. 그동안 늘 그래왔듯이 그의 건강상태는 불확실한 상황이었다. 지금까지 줄곧 크고 작은 병고에 시달려온 터라 케네디 본인은 대통령의 직무를 수행할 수 없을 만큼 건강이 나쁘지 않다고 생각할지 모르지만, 객관적으로 그의 건강은 언제 문제를 일으킬지 모르는 형편이었다. 여전히 척추, 위장, 결장과 전립선 문제로 고통을 겪고 있었고 매일 약을 복용하면서 버티고 있었다. 더구나 대통령으로서 견뎌야 할 육체적 심리적 중압감을 고려한다면 그의 건강이 과연 버텨줄지 알 수 없는 노릇이었다. 만일 건강이 계속 문제를 일으킨다면 대통령 자리에 있다고 해도 그 역할을 제대로 할 수 없게 될 것이다. 국가의 주요 정책 결정이 수하 막료들에 의해서 좌지우지 될 수 있고 자신은 무늬만 대통령으로 지낼 수도 있다. 아이젠하워의 두 번째 임기 동안에 정책 결정을 보좌진들이 장악하고 이들이 국정을 운영했다고 케네디는 비난하곤 했는데 그런 일이 자신에게도 일어날 수 있는 것이다. 케네디는 그런 일은 절대로 있어서는 안 된다고 여기고 있었다. 비록 병고에 시달리고 있지만 그는 아직 사십대 초반의 젊은 육체를 갖고 있었다. 의지는 육체를 다스리는 법. 그는 다시 힘차게 일어섰다. 그는 국가를 위하여 자신의 전임자들 서른 세 명과는 다른 어떤 기여를 해야 한다고 생각했다. 자신이 가장 잘 할 수 있는 분야에서 뛰어난 업적을 남기는 것이야말로 대통령으로서 할 수 있는 최고의 역할이라고 여겼다. 그 분야는 바로 외교 분야였다.

그러나 근소한 표차로 당선되었기 때문에 국내외 문제들에 대하여 전혀 새로운 조치를 취하기는 쉽지 않았다. 즉 당분간 정책과 노선에서 아이젠하워(Dwight D. Eisenhower) 행정부와의 차별성을 드러내기보다는 연속성을 강조할 필요가 있었다. 또한 케네디 자신은 새로운 비전과 자신감으로 무장하고 있었지만, 주위의 상황은 국정을 운영하기에는 너무 경험이 부족한 젊은 대통령이라는 부정적인 이미지가 어쩔 수 없는 한계로 작용하였다. 특히 케네디는 외교 분야에 대한 경륜이 거의 없는 상황이었기 때문에 동서 냉전의 위기 상황을 극복하고 성공적인 대통령이 되기 위해서 경험 부족이라는 한계를 극복할 수 있는 리더십을 발휘해야만 하였다.

그러한 염려를 충분히 인식하고 있었던 케네디는 대통령 당선자로서 정권인수 과정에서부터 적극적인 행동을 취하였다. 그는 1960년 12월 아이젠하워와의 협의를 위한 백악관 초대에 응하면서 '나는 아이젠하워를 몹시 만나고 싶었다. 왜냐하면 그것은 조화로운 정권교체에 대한 대중적인 안도감을 심어 줄 것이고 따라서 우리의 국정 장악력을 강화시킬 것이기 때문이다'라고 술회하였다.[1] 첫 회동은 12월 6일에 이루어졌고 케네디의 관심은 주로 '백악관 내부와 국방부 등 국가안보 기구의 조직 편제'와 '베를

---

[1] JFK undated notes, Box 29, President's Office Files (이하 POF로 약함), JFKL.

린, 중국, 대만 등 극동과 쿠바' 등 외교 문제였다.[2] 아이젠하워도 케네디의 이런 의중을 파악한 듯 공동 검토 사항으로 7개의 외교정책 현안, 즉 '북대서양조약기구 핵무기 공유문제, 라오스 사태, 콩고 사태, 알제리 사태, 군축과 핵실험 금지 협상 문제, 쿠바·중남미 사태, 미국의 국제수지와 금 유출 문제' 등을 제시하였고, 케네디는 이들 의제에 대하여 광범위한 자료를 연구하였다.[3]

[2] Informal List of Subjects to be Discussed at Meeting of President Eisenhower and Senator Kennedy, Dec. 5, 1960 ; Briefing Memoranda for Meeting with President Eisenhower, Dec. 6, 1960, Box 29A, POF.

[3] John H. Sharon to JFK, Dec. 5, 1960, Box 29A, POF

외교 현안에 대한 연구를 마친 후 케네디는 1961년 1월 아이젠하워에게 두 번째 회동을 요청하였다. 케네디는 이미 사안의 중요도에 따라 논의의 우선순위를 정해놓고 있었다. 즉 그는 외교 현안에 있어서는 라오스, 콩고, 쿠바, 도미니카공화국, 베를린, 핵실험 금지 협상과 군축 문제, 알제리 등에 대하여 협의하기를 원했다. 그 중에서도 그의 가장 중요한 관심사는 라오스 사태[4]와 소련과의 핵실험 금지 협상 및 군축 문제였다. 케네디는 라오스 사태에 관하여 회동 뒤에 남긴 메모에서 '나는 물러나는 정부로부터 라오스 사태에 어떻게 대처할 것인지 확실한 이야기를 듣고 싶었다. 무엇보다 이들의 군사 개입 준비 태세가 어느 정도인지 알기를 원하였다'라고 적고 있다. 이에 대하여 아이젠하워와 그의 참모들은

[4] 당시 라오스 내전은 공산주의 세력인 파테트라오(Pathet Lao), 친서방의 왕당파 세력, 중립주의 중도파 세력 사이의 삼파전 양성으로 전개되고 있었다. 이 내전의 결과에 따라 라오스는 물론 동남아시아 전역을 공산주의자들에게 빼앗길 가능성이 있었다.

라오스를 '병에 꽂힌 코르크 마개'에 비유하면서 라오스가 무너질 경우 타이와 필리핀이 붕괴될 것이며 궁극적으로 타이완의 장제스 정권마저 위험에 빠질 것이라고 장담하였다. 아이젠하워는 만일 미국의 동맹국들이 군사적 개입에 따르지 않더라도 미국의 단독개입도 불사해야 한다고 주장하였다. 물론 대소련 협상에 있어서도 강경한 입장을 취할 것을 주문받고 있었다.[5]

5) "Memorandum of Subjects for Discussion, Jan. 19, 1961," Box 29A, POF.

이처럼 케네디는 출범을 앞두고 퇴임하는 정부로부터 만만치 않은 외교적 부담을 떠안고 있었다. 따라서 케네디는 국내 문제에 관한한 전문가들을 기용하여 그들에게 책임을 분담시킨다는 생각을 갖고 있었지만, 외교 문제에 관해서는 자신이 직접 나서서 모든 주요 현안을 결정할 결심이었다. 케네디가 이렇게 생각하게 된 배경은 국내 문제보다 외교 문제에 더 많은 관심과 자신감이 있었기 때문이기도 하였지만, 외교 문제야말로 의회와 여론의 압력으로부터 좀 더 자유롭게 자신의 정책을 추구할 수 있으며 대통령으로서 더 많은 주도권과 재량권을 발휘할 수 있는 분야라고 생각했기 때문이었다. 또한 국제정치에서 미국의 역할이 지대하기 때문에 자신의 역할 여하에 따라서 비록 냉전을 제거할 수는 없을지라도 자신의 평소의 신념인 전쟁 없는 국제질서를 형성하여 평화에 기여할 수 있을 것이라는 생각도 중요한 이유 중 하나였다. 결국 케네디는 모든 외교적 현안을 백악관에서 결정할 수 있게끔 국무장관직에 온순하고 자신의 노선을 충실히 따를 것으로 보였던 러스크(Dean Rusk)를 기용하였다.[6]

6) 케네디는 자신의 친동생이었던 로버트(Robert Kennedy)를 제외하고는 각료 인선에 있어서 특정 집단이나 정파의 대표자들보다는 자질이 우수한 인물을 인선 기준으로 삼았다. 로버트의 인선과 다른 각료들의 인선과정에 관한 자세한 사항은 Robert Dallek, *An Unfinished Life: John F. Kennedy, 1917~1963*, New York: Little, Brown and Company, 2003, pp. 314~320을 참조할 것.

리더십의 발휘

케네디가 취임할 당시의 국내적 분위기는 경기침체와 더불어 공산주의 세력의 침략으로 미국이 핵전쟁을 하게 될지도 모른다는 불안감이 상당히 조성되어 있는 상황이었으므로 취임 후에 냉전의 위기를 어떻게 관리하느냐에 따라 대통령으로서의 성공 여부가 달려있었다. 케네디가 외교 문제에서 리더십을 발휘할 기회는 생각보다 일찍 찾아왔다. 취임 후 3개월도 채 지나지 않은 1961년 4월 15일 미국 CIA가 훈련시키고 지휘했던 무장 쿠바 반란군이 카스트로(Fidel Castro) 정권을 무너뜨리기 위하여 공습을 감행하면서 피그만에 상륙을 시도했지만 오히려 카스트로의 정부군에 의해 포위되는 상황에 직면하였다. CIA와 미군 수뇌부는 케네디에게 미 육군 전투 부대의 파견을 명령하도록 요구하였다. 케네디는 그 요청을 단호히 거절하였고, CIA와 군부는 케네디의 결정에 크게 실망하였을 뿐만 아니라 그가 피그만의 패배를 받아들임으로써 미국의 위신을 크게 실추시켰다고 여겼다. 그러나 케네디의 생각은 달랐다. 그는 자신이 CIA의 시나리오에 끌려들어 갔다는 사실을 인식했고, 그것은 함정이었다는 것을 깨달았다. 즉 CIA와 군부 지도자들이 일련의 각본을 연출한 후 일단 자신을 끌어 들여 돌이킬 수 없는 상황을 빌미로 미 지상군의 투입을 강요함으로써 자신의 군대에 대한 통제력을 무력화시키려고 한다고 생각하였다. 케네디는 자신의 친구들에게 어떻게 군대 지도자들이 그런 계획을 승인했는지 알 수 없다고 실망하면서 '그들은 내가 그들에게 가담할 것이고 에섹스(Essex, 해군 항공모함)의 파견에 동의할 것이라고 확신했다. 그들은 나 같은 신임 대통령이 허둥대지도 않고 체면이 구겨지는 것을 개의치 않을 것이라는 사실을 몰랐을 것이다. 그렇다면 그들은 나를 완전히 잘못 파악했다'라고 말했다.[7] 케네디는 외교 문제에 관한한 자신의 소신과 기준에 따라 결정권을 행사할 것임을 분명히 한 것이다.

[7] Kenneth O'Donnell and David F. Powers, *"Johnny, We Hardly Knew Ye,"* Boston: Little, Brown, 1970, p. 274.

피그만 침공은 케네디로 하여금 군대와 행정부 내의 외교 부서들을 장악하는 것이 외교 문제에서 대통령의 결정권을 행사하는 데 매우 중요하다는 사실을 일깨워 준 사건이었다. CIA와 국방부 관료들과 군부의 지도자들이 담합하여 대통령의 리더십을 약화시킬 가능성은 미국적인 체제에서 항상 존재해 왔으며 케네디는 자신의 바로 전임자였던 아이젠하워가 그러한 실례라고 믿고 있었던 것이다. 케네디는 임기 초기에 강력한 지도력을 행사할 것을 결심했으며 그것이 피그만 침공에서 케네디가 보여준 행동이었다.

피그만 침공이 케네디의 내부적 지도력을 시험하는 무대였다면, 베를린 위기(Berlin Crisis)는 대외적 지도력을 시험하는 무대였다. 1961년 여름에 발생했던 베를린 위기는 냉전이 시작된 이래 가장 위험했던 핵무기 대결의 순간이었다고 평가될 만큼 긴박한 상황이었다. 사건의 발단은 비엔나 미소 정상회담이 끝난 6일 후인 6월 10일 소련의 흐루시초프(Nikita Khrushchev)가 비엔나 정상회담에서 케네디에게 서방의 서베를린 자유 통행을 제한할 수 있는 독일평화조약을 주장하는 비망록을 전달했다고 공개적으로 발표하면서 시작되었다. 이는 서베를린의 서방 3개국 점령 상태를 종식시키고 베를린을 비무장 지대로 만들어 베를린 시 전체를 소련의 지배하에 두려는 계획으로서 당연히 서방 세계의 강력한 반발을 초래하였다. 케네디는 심사숙고 끝에 6월 28일 이에 대한 첫 반응을 보였다. 그는 기자회견에서 평화조약에 서명하라는 소련의 주장은 독일의 분단을 영구화하려는 기도이며 서베를린에 대한 서방 동맹국들의 접근을 차단하려는 것이라고 비난하면서 이것은 중대한 위협이며 '서방 세계의 평화와 안전에 관련된 문제'라고 주장하였다. 그는 또 소련이 핵무기실험금지협상을 중단한다면 미국은 소련의 재개되는 핵실험에 대하여 미국도 자체적인 핵실험으로 대응할 것이라고 경고하였다. 그러면서도 케네디는 1970년까지 소련이 미국의 생산력을 능가할 것이라는 흐루시초프의 주장에 대하여 평화로운 경쟁을 위한 요청으로 받아들였다. 그는 현재 미국의 총생산량의 39%에 불과한 소련이 20세기에 미국을 능가할 수 없을 것이라고 예측하면서도 평화로운 경쟁은 '양국 국민들의 생활수준을 높이는 결과만을 가져올 것'이라고 흐루시초프의 주장을 환영하였다.[8]

8) *Public Papers of the Presidents: John F. Kennedy*, 1961, pp. 455~456, 458~459, 460~464.

케네디는 더 자세한 대책에 대한 설명을 요구하는 기자들의 질문에 대하여 아직 아무것도 결정된 바가 없다는 말로 얼버무렸지만, 내부적으로는 베를린 위기를 최고의 위기로 인식하면서 참모들과 대책마련에 부심하였다. 참모들의 의견은 두 부류로 나뉘었다. 애치슨, 합동참모본부의 군 지도자들, CIA 국장인 덜레스(Allen Dulles), 그리고 국무부와 국방부의 여러 관료 등 강경주의자들은 소련을 위협하기 위하여 확실한 군사적인 증강을 요구한 반면 러스크, 스티븐슨, 보울스(Chester Bowles), 해리만(Averell Harriman) 등 자유주의 진영의 참모들은 군사적인 준비와 더불어 협상 가능성을 열어두자는 좀 더 유연한 대응을 주장하였다.9)

9) *Foreign Relations of the United States*(이하 *FRUS*로 약함): *Berlin Crisis*, pp. 160~162.

케네디는 참모들이 제시한 두 가지 대안 가운데 한 가지를 선택하는 것에 거부감을 표시하면서 성급하게 움직이려고 하지 않았다. 그러던 중에 7월 첫째 주 『뉴스위크』가 국방부로부터 새어나온 뉴스를 독점적으로 보도했는데 국방부는 제한적인 국가비상사태를 선언할 것이며 서독과 프랑스로부터 미군 가족들을 철수시키며 독일에 미군 사단을 증강 배치하고 향상된 전투 준비를 위하여 핵무기를 사용할 태세를 갖출 것이라는 내용이었다.10) 케네디가 흐루시초프에게 자신의 정확한 의중을 전하기 위해 기밀 유출을 방조했는지 여부는 알 수 없지만, 이 뉴스의 효과는 즉각적으로 나타났다. 흐루시초프는 소련은 핵전쟁에 대하여 준비도 되어 있지만 그에 대한 두려움도 갖고 있다고 하면서 '왜 2백만 베를린 시민들을 위하여 2억 이상의 인민들이 목숨을 잃어야 하는가?'라고 말함으로써 정치적 협상을 암시하였다.11)

10) *Newsweek*, July 3, 1961.

케네디도 소련의 위협에 대하여 최대한 유연성을 추구하였다. 소련군과 지상전은 완승 가능

11) Michael R. Beschloss, *The Crisis Years: Kennedy and Khrushchev*, New York: Oxford University Press, 1991, pp. 244~245.

성이 없다고 보고 핵무기를 동원한 빠른 승부를 선호하는 국방부의 작전계획에 케네디는 가담하고 싶어 하지 않았다. 그는 또한 미국이 약하게 보일 수 있고 소련의 압력에 굴복하는 것처럼 여겨질 수도 있는 위장 협상을 원하지도 않았다. 그가 보기에 '유일한 대책은 진지한 협상이나 혹은 쌍방 섬멸뿐'이었다. 케네디는 『뉴욕포스트』편집장에게 '만일 흐루시초프가 나를 모욕하기를 원한다면 모든 것이 끝장나는 것이다'고 선언하였다.[12] 케네디가 소련의 위협에 맞서 진정 원했던 것은 진지한 협상을 통해서 정치적 타결을 모색하는 것이었지만, 만일 소련이 자신의 인내심을 실험하려고 한다면 그 의도에 말려들지 않고 공격적인 정책을 취하겠다는 의지를 표현한 것이었다.

소련에게 자신의 의지를 분명히 하고 미국 국민들과 유럽의 동맹국들에게 확신을 심어 주기 위하여 케네디는 텔레비전 연설을 계획하였다. 7월 25일에 행해진 그의 연설은 피그만 침공 이후 그에게 가장 어려운 순간이었다. 만일 그의 연설 내용이 군사적 계획을 소홀히 하면서 협상에 무게 중심을 둔다면 너무 유화적이라는 비난에 직면할 것이고, 반대의 경우에는 강경파들에게 힘을 실어주게 됨으로써 자칫 위기를 확대시킬 수도 있는 상황을 맞이할 가능성

---

12) Arthur M. Schlesinger, Jr., *A Thousand Days: John F. Kennedy in the White House*, New York: Houghton Mifflin Company, 1965, 2002, first Mariner Books edition, pp. 390-391

이 컸다. 그러나 그의 연설은 매우 성공적인 것으로 평가되었다. 그는 베를린 위기의 책임을 소련에 돌리면서 서베를린에서 미국의 권리를 부정하는 소련의 행위를 결코 용납하지 않겠으며 서베를린의 2백만 시민들에 대한 미국의 책임도 결코 소홀히 하지 않겠다고 약속하면서 '만일 대화가 도움이 된다면 우리는 대화할 준비가 되어 있다. 그러나 만일 우리에게 무력이 사용된다면 우리는 또한 무력으로 응징할 준비를 갖추고 있다'고 선언하였다. 케네디는 자신의 선언을 확인하고 선택의 폭을 넓히기 위하여 3억 2,500만 달러의 추가 군사비를 의회에 요청하였다. 케네디는 또한 수차례의 치명적인 침략을 당한 소련의 입장에 동정심을 표하고 그들의 안전보장에 대한 염려를 이해한다고 전제하면서도 '베를린의 자유가 희생되거나 서방의 조약권이 침해되어서는 안 된다'는 점을 분명히 하였다. 연설의 결론으로서 케네디는 '우리는 평화를 추구하지만 결코 항복하는 일은 없을 것'이라고 천명하였다.[13]

13) Report to American People on the Berlin Crisis, July 25, 1961, PPP.

케네디의 연설에 대한 미국과 유럽의 반응은 열광적이었다. 그들은 대통령의 '결연함과 단호함'에 큰 박수를 보냈고 베를린에서 미국의 권리를 지키려는 케네디의 결심과 베를린 시민들의 자결권을 적극 옹호하였다. 그러나 케네디와 그의 참모들을 놀라게 한 것은 협상에 대한 대중적 지지의 결여였다. 60%에 달하는 미국인들이 소련의 베를린 장악은 전쟁을 의미한다고 믿고 있었으며, 55%의 미국인들은 소련이 양보할 가능성이 없거나 희박하다고 믿고 있었다. 외교보다는 분쟁에 더 많은 관심이 있는 언론들은 케네디의 연설에서 군사적 증강 부분을 머리기사로 채택했다. 그 결과 의회는 케네디의 방위 증액 요청을 승인했을 뿐만 아니라 행정부가 불필요하다고 여긴 무기들에 대한 비용도 허용했다.[14]

흐루시초프는 케네디의 대국민 텔레비전 연설을 소련에 대한 공공연한 협박이라고 비난하면서 소련은 그러한 협박에 굴복하지 않을 것이며 소련의 핵 우위가 케네디를 미국의 마지막 대통령으로 만들 수도 있음을 천명했다.[15] 흐루시초프의 이러한 호언장담은 8월 13일 동독 군대가 동베를린과 서베를린을 분할하고 있는 경계선 동쪽의 교차점을 대부분 점령하고 가시철조망과 바리케이드로 장벽을 쌓아 동독인들의 탈출을 저지한 조치로 나타났다. 이것은 곧바로 콘크리트 장벽으로 대체되었다.

소련의 이러한 조치로 인하여 케네디의 정치적 협상에 무게 중심을 두고 있었던 케네디의 입지는 국내외적으로 상당히 좁아지는 듯 보였다. 그러나 케네디는 소련이 설치

---

14) Donald M. Wilson to JFK, Aug. 1, 1961, Box 290, National Security Files(이하 NSF로 약함), JFKL.

15) *New York Times*, Aug. 4, 1961.

한 베를린 장벽에 대하여 '만일 흐루시초프가 진정으로 서베를린을 장악할 의도가 있다면 왜 장벽을 세웠겠는가? 만일 그가 베를린 시 전체를 장악했다면 장벽 같은 것은 필요 없을 것이다. 이것은 그가 궁지에서 빠져나오는 방식이다. 매우 훌륭한 해결책은 아니지만 장벽이 전쟁보다 훨씬 더 낫다'라고 말하면서 오히려 베를린 장벽이 정치적 해결책의 실마리가 될 수도 있음을 시사하였다.16)

16) O'Donnell and Powers, "*Johnny, We Hardly Knew Ye*," p. 303.

그러나 베를린 장벽을 방관하는 듯한 케네디의 태도는 서독과 유럽 동맹국들의 맹비난을 불러왔다. 서베를린의 브란트(Willy Brandt) 시장을 비롯한 서구의 여론은 미국의 유약함을 비난하면서 베를린에 주둔하고 있는 미군 수비대를 증강함으로써 베를린에 대한 미국의 의무를 다할 것을 촉구하였다. 미국 국내의 여론도 소련의 조치에 좀 더 강경하게 대응해야 한다고 요구하고 있었다. 그러나 케네디는 8월 17일 열린 국가안전보장회의에서 장벽 자체에 대해서 좀 더 신중한 접근을 요구하면서 '우리는 동베를린에 대해서는 수색영장을 갖고 있지 않다'는 말로 자신의 의중을 표현하였다. 이런 케네디의 태도에도 불구하고 일단 불리한 내외 여론을 잠재우기 위하여 케네디의 참모들은 대통령의 친서를 소지한 존슨 부통령과 클레이(Lucius D. Clay) 장군을 서독에 파견하도록 케네디를 설득하였다. 케네디는 친서에서 미국은 베를린에서 소련의 침략에 맞서기 위하여 지속적으로 유럽에서 군사력을 증강할 것이라고 약속하였다.17)

17) *FRUS: Berlin Crisis*, pp. 345~349.

케네디는 '협상이 유약함의 표시로 오해될 수 있다'는 강경파들의 주장에 수긍할 수 없었다. 그가 보기에 외교적 협상을 포기한다는 것은 핵전쟁을 의미하기 때문에 가능한 방법을 총동원하여 협상의 통로를 찾아내야만 하였다. 케네디는 국무장관 러스크에게 '아직은 (핵전쟁을 논할) 시간이 아니다. 아직 너무 이르다. 그들(소련 사람들)은 협상을 개시하기 이전에 세계를 죽음의 공포로까지 몰고 있는 것이다. 그러나 사람들은 별로 두려워하지 않는다. 평화로운 해결책을 위한 모든 노력이 소진되었을 때 핵전쟁의 정당성이 확보되는 것이다'고 말함으로써 정치적 협상에 대한 집념을 버리지 않았다.18)

18) JFK reply to Rusk, Sept. 5, 1961, Schlesinger, *A Thousand Days*, p. 398.

베를린 장벽을 세움으로써 어느 정도 목적을 달성한 흐루시초프도 강경한 태도를 누그러뜨릴 명분을 찾고 있었다. 케네디가 유엔 개막 연설을 하기 하루 전인 9월 24일 저녁 소련 측은 대변인을 통하여 '베를린에서의 폭풍우는 끝났다. 서기장은 미-소 분쟁을 종결시키기 위하여 대화할 준비가 되어 있다. 서기장은 내일 행해질 케네디 대통령의 연설이 7월 25일의 연설처럼 호전적인 최후통첩과 같은 것이 아니기를 바라고 있다'고 발표함으로써 대화의 의지를 드러냈다.[19] 케네디의 정치적 해결을 향한 의지가 결국 결실을 보는 순간이었다. 케네디는 유엔 연설에서 흐루시초프의 바람대로 상대방을 자극하는 내용을 회피하고 위기 극복을 위한 지혜와 대화를 촉구하였다.[20] 9월 28일 흐루시초프도 케네디에게 화해의 뜻이 담긴 26페이지에 달하는 장문의 서신을 비공식 채널을 통하여 보내 화답함으로써 정치적 해결의 분위기를 조성하였다.[21]

[19] Message from NSK(Nikita S. Khrushchev) to JFK, Pierre Salinger, *With Kennedy*, New York: Doubleday, 1966, pp. 191~194.

[20] 케네디의 연설 내용에 대해서는 *Public Papers of the Presidents: John F. Kennedy*, 1961, pp. 618~626을 참조할 것.

[21] 흐루시초프가 케네디에게 보낸 서신의 내용은 NSK to JFK, Sept. 29, 1961, *FRUS: Berlin Crisis*, pp. 468~480을 참조할 것.

베를린 위기에 대한 미·소 간의 정치적 타결 분위기가 형성되자 케네디는 서유럽 동맹국들의 반대는 차치하고라도 국내 우파들의 거센 반대에 직면하게 되었다. 그들은 핵전쟁을 하더라도 소련을 힘으로 굴복시켜야 한다고 믿는 사람들이었다. 백악관 오찬에서 『댈러스 모닝 뉴스(Dallas Morning News)』의 발행인인 딜레이(E. M. Dealey)는 대통령을 '믿을 수 없는 사람들(weak sisters)'의 수장이라고 공격하였다. 딜레이가 보기에 미국은 소련의 위협을 다룰 줄 아는 '강력한 지도자(a man on horseback)'를 필요로 하였다. 딜레이는 케네디에게 '텍사스와 남서부에 있는 대부분의 사람들은 당신이 (말이 아닌) 캐롤린의 세 발 자전거를 타고 있다고 생각합니다'라고 쏘아붙였다. 부아가 치민 케네디는 '전쟁은 말하기는 쉬워도 싸우기는 어렵습니다. 나도 당신만큼이나 터프합니다'라고 응수함으로써 자신의 문제 해결 방식을 바꿀 생각이 없음을 분명히 하였다.[22]

케네디는 그러면서도 한편으로는 군사적 대응을 게을리 하지 않았다. 10월 20일 케네디는 나토(NATO)의 군사력을 증강하도록 지시했고 베를린의 미군 지휘관들에게 사태의 추이를 예의 주시할 것을 명령하였다. 그는 장군들에게 외교적인 해결이 실패할 때만이 군사적인 방법이 동원될 것임을 거듭 강조하면서 군사적인 방법이 동원되더라도 재래식 군사력이 먼저 동원되어야 하며 핵전쟁은 최후의 수단임을 분명히 하였다.[23] 또한 국내외 강경파들의 불평과 비난을 잠재우기 위하여 케네디는 국방부 부장관으로 하여금 미국의 소련에 대한 핵 우위는 확고부동하며 소련의 핵공격에 대하여 언제든지 반격하여 적을 섬멸할 수 있음을 공개적으로 발표하도록 하였다.[24] 케네디가 이러한 중대 발표를 국방장관이 아닌 부장관으로 하게 한 이유는 자칫 국내의 강경파들을 설득하려다가 소련을 지나치게 자극할 것을 우려했기 때문이었다. 케네디의 신중함과 타협의지를 엿볼 수 있는 대목이다.

베를린 위기 동안에 미·소 간에 수많은 위협적 언행들

---

[22] William Manchester, *The Death of a President*, New York: Harper & Row, 1967, pp. 48~49, 85.

[23] JFK to Norstad, Oct. 20, 1961, *FRUS: Berlin Crisis*, pp. 520~523.

[24] Michael R. Beschloss, *The Crisis Years: Kennedy and Khrushchev, 1960~1963*, New York: HarperCollins, 1991, pp. 329~331.

이 오갔지만 1961년 11월 베를린 위기는 결국 진정 국면에 들어갔다. 최대의 핵전쟁 위기가 아무런 군사적 충돌없이 수면 아래로 가라앉은 데에는 여러 이유가 있겠지만, 핵전쟁을 선호했던 강경파들의 숱한 도전을 물리치고 반전(反戰) 신념에 입각한 케네디의 확고부동한 정치적 해결을 최우선 순위에 둔 인내심과 신중함이 큰 몫을 차지했다. 이러한 케네디의 태도는 결국 흐루시초프의 후퇴를 이끌어 냈고 서베를린을 소련의 통제로부터 지켜냈다고 볼 수 있다. 물론 이러한 평가에 국내의 강경파와 서유럽 동맹들은 견해를 달리했겠지만 외교적 경험이 별로 없는 신임 대통령인 케네디가 최소한 자신의 외교적 리더십을 발휘하여 사태 해결을 진두지휘했다는 점은 누구도 부인할 수 없는 사실이다.

평화의 리더십, 흐루시초프와 평화를 논하다

1961년 11월 베를린 위기가 케네디의 외교적 지도력을 시험했던 무대였다면 1962년 10월의 쿠바 미사일 위기(Cuban Missile Crisis)는 케네디의 지도력뿐만 아니라 그가 일촉즉발의 대규모 전쟁을 초래할 만큼 심각한 위기의 순간에 발휘한 뛰어난 평화에 대한 신념과 집착을 보여준 사례이다. 그의 위기극복의 지도력은 한 국가의 최고 통치자로서 평화가 모든 가치에 우선한다는 신념을 체현한 것으로 평가할 수 있는 것이었다. 당시의 상황이 힘의 대결을 선호하는 강경파들이 정국을 주도하고 있다는 면에서 케네디의 평화를 향한 지도력이 더욱 빛을 발휘했다. 그러나 이러한 지도력을 발휘한 배경에는 당시 소련의 지도자였던 흐루시초프(Nikita Khrushchev)의 도움도 매우 컸다. 흐루시초프가 위기를 평화적으로 해소할 의지가 없었다면 아무리 케네디가 평화를 향한 지도력을 발휘했다 하더라도 분쟁을 피하기는 어려웠다는 점에서 그렇다. 두 지도자가 주고받은 비밀 서신은 그들 사이에 형성되었던 '전쟁 회피'라는 공동의 신념을 엿볼 수 있다.

케네디와 흐루시초프는 베를린 위기가 한창이던 1961년 9월부터 쿠바미사일 위기가 절정에 달했던 1962년 10월까지 중요한 고비마다 비밀리에 서신교환[25] 및 비공식 접촉을 통하여 위기를 극복하고자 노력하였다. 강경한 냉전적 전사들에 의해 둘러싸여 있었고 여론도 힘의 대결을 선호했던 상황에서 이들의 눈을 피해 서신을 주고받고 비공식 접촉을 통하여 자신들의 진의를 밝힐 수 있었던 것은 전쟁을 피

---

25) 양 정상이 21차례에 걸쳐 교환한 서신은 State Department, *FRUS, 1961~1963*, vol. VI: *Kennedy-Khrushchev Exchanges*, Washington D.C.: U.S. Government Printing Office, 1996에 수록되어 있다. 필자는 미국 국무부 사이트에서 이 책의 인터넷판을 이용하였다.

하고자 하는 열망이 있었기 때문에 가능했다고 볼 수 있다.

두 지도자의 비밀 서신교환은 1961년 9월 29일 흐루시초프가 먼저 케네디에게 자신의 견해를 담은 서신을 보내면서 시작되었다.26) 이때는 베를린 위기가 절정에 달하고 있었던 시기였다. 흐루시초프는 베를린 장벽을 설치하여 동서 베를린을 분할하였고, 미국은 그러한 소련의 조치에 군사적 대응을 포함한 다각도의 대책을 모색하고 있었던 상황이었다.

26) 흐루시초프는 소련의 한 잡지 편집인이자 KGB요원이었던 자신의 심복인 볼세코프(Georgi Bolshakov)라는 인물을 통하여 뉴욕의 한 호텔 룸에서 케네디의 언론 보좌관 샐린저(Pierre Salinger)에게 자신의 편지를 전달하였다.

이러한 상황에서 적대적인 양 정상 간에 비밀 서신이 교환되었다는 사실만으로도, 그것이 만일 언론과 일반에 알려진다면, 양 정상은 정치적으로 매우 곤란한 상황에 직면할 가능성이 있었다. 이런 측면에서 먼저 서신을 보낸 흐루시초프의 용기와 결단력은 높이 평가할만한 것으로 생각되며 극적인 시기에 상호 신뢰를 쌓을 수 있었던 초석으로 작용했다고 할 수 있다.

흐루시초프의 첫 번째 서신은 흑해 해변가에서 휴가기간 동안에 작성된 것이다. 그는 편지의 서두에서 흑해의 아름다움과 평화로움에 대하여 묘사하면서 '이렇게 아름다운 햇볕아래에서 여전히 해결책이 부족하여 수백만 명의 사람들의 평화로운 삶에 불길한 그림자가 드리워진 문제투성이의 세계가 존재한다는 사실이 믿기지 않는다'고 다소 감상적인 접근을 한 후 자신이 7월 3~4일에 있었던 케네디와의 비엔나 정상 회의에서 케네디가 염려했던 핵전쟁의 공포에 대하여 공감을 표시하지 않은 점에 대하여 유감을 표하면서 자신이 편지를 쓰게 된 동기도 세계 평화에 대한 공감대를 형성하고 솔직한 생각을 교환하기 위함임을 분명히 했다.

'본인은 우리의 비엔나 회담을 여러 번 생각해봤습니다. 내가 기억하기에 귀하는 전쟁을 향해서 일이 진행되는 것을 원하지 않는다는 점을 강조하였고 두 나라가 평화로운 방식으로 상호 경쟁하면서 평화롭게 살기를 염원하였습니다. 비록 정상회담 이후의 사건들이 바람직한 방향으로 진행되지 않고 있지만 내가 귀하에게 순전히 비공식적이고 개인적으로 접근하여 나의 생각을 공유하는 것이 유용할지도 모른다고 생각하게 되었습니다. 만일 귀하께서 나와 (이러한 생각에) 동의하지 않는다면 이 편지를 존재하지 않았던 것으로 여기고 나 역시 당연히 이 서신을 나의 공적인 발표에 활용하지 않을 것입니다. 결국 비밀 서신을 통해서만 귀하도 언론사와 언론인들의 감시를 염두에 두지 않고 귀하가 생각하는 바를 말할 수 있을 것입니다'라는 말로 흐루시초프는 케네디로 하여금 자신의 비밀 서신 교환에 동참하여 상호 간에 솔직한 생각을 공유할 것을 호소하였다.[27]

흐루시초프가 미국과의 적대감이 절정에 달했던 베를린 위기라는 시점에 케네디에게 비밀 서신을 보낸 데에는 나름대로 계산이 있었던 것으로 보인다. 소련은 베를린에 장벽을 쌓음으로써 동베를린의 주민들이 서베를린으로 이주하는 것을 막는데 성공했으므로 동서 베를린을 분할하는 선에서 사태를 마무리하고자 했다. 그러나 미국의 강경파와 서유럽 동맹국들은 소련의 이러한 행위에 매우 격분해 있었으며, 군사적인 조치를 감수하고라도 소련의 동서 베를린 강제 분리 행위를 응징해야 한다고 케네디 정부에 압력을 가하고 있었던 상황이었다. 흐루시초프는 케네디가 베를린 사태로 인하여 국내외적으로 상당한 정치·군사적 압력을 받고 있음을 잘 알고 있었고, 자신의 비밀 서신이 케네디에게 강경파와 동맹국들의 압력을 무마하는데 보이지 않는 힘이 될 수도 있을 것으로 판단했을 가능성이 있다. 즉 베를린 위기를 자신이 원하는 방식으로 마무리하고 케네디에게 소련의 더 이상의 공세적 조치는 없을 것임을 확인하여 줌으로써 소련에 대한 미국의 공격적인 군사조치를 케네디가 막아 주기를 기대하는 동기에서 비밀 서신이 비롯되었다고 볼 수 있는 여지가 충분하다.

그러나 흐루시초프가 순전히 이러한 정치·군사적인 동기만을 갖고 케네디에게 서신을 보냈다고 볼 수 없는 측면

27) http://www.state.gov/www/about_state/history/volume_vi/exchanges.html

도 동시에 존재한다. 흐루시초프는 같은 서신에서 케네디에게 다음과 같이 상당한 존경심을 표하기도 했다. '본인은 우리나라 언론인들이 귀하와 워싱턴에서 가졌던 면담의 결과에 대하여 매우 흥미롭게 들었습니다. 그들은 본인에게 귀하에 대하여 여러 가지 흥미로운 이야기를 들려주었고 나도 그들에게 근본적인 질문들을 하였는데, 그들은 귀하가 친밀감, 온화함, 솔직함 등 최고위 직을 가진 사람들이 일반적으로 갖지 못한 점을 갖고 있다고 칭찬하였습니다.'[28] 라고 케네디를 치켜세운 뒤 자신이 편지를 쓴 목적을 다음과 같은 표현으로 호소하였다. 그는 미국과 소련이 처한 상황을 '정결한 종자와 부정한 종자가 모두 피난처를 찾는 노아의 방주'에 비교하면서 '누가 선한 세력이고 누가 악한 세력인가에 관계없이 그들은 모두 오직 한 가지 일에 똑같이 관심이 있는데 그것은 바로 방주가 성공적으로 항해를 계속해야 한다는 것입니다. 우리는 다른 어떠한 대안도 없습니다. 즉 우리는 모두 평화롭게 살면서 협력하여 방주가 계속 항해를 유지하게 해야 한다는 것입니다. 그렇지 않으면 방주는 가라앉게 될 것입니다.'[29] 흐루시초프는 성경에 나오는 노아의 방주를 예로 들면서 미국과 소련이 상대방을 서로 악의 세력으로 규정하고 있지만, 양측이 모두 타고 있는 방주인 지구를 파

[28] http://www.state.gov/www/about_state/history/volume_vi/exchanges.html

[29] http://www.state.gov/www/about_state/history/volume_vi/exchanges.html

멸로 몰고 가서는 안 된다는 점을 명확히 함으로써 방주의 선장인 자신들이 전쟁을 회피할 수 있도록 공동의 노력을 할 수 있음을 우회적으로 피력하였다.

흐루시초프의 서신에 대한 케네디의 답신은 1961년 10월 16일에 이루어졌다. 케네디의 답신도 가족 별장이 있는 매사추세츠 주의 히아니스(Hyannis) 항구에서 작성되었다. 그도 해변의 고요함과 평화로움에 대하여 언급하면서 흐루시초프의 서신에 감사를 표하고 비밀 유지에 동의하면서 서신을 시작하였다. '이 서신이 완전히 비밀리에 유지되어야 하며 공적인 언급에 암시되거나 언론에 노출되어서는 더더욱 안 된다는 점에 있어서 귀하의 판단은 전적으로 옳습니다. 서신을 통하여 각각 솔직하고, 현실적이고, 근본적인 면에서 서로 대화할 기회를 가져야 합니다. 우리 둘 중 어느 누구도 새로운 사회·경제·정치적 견해로 상대를 개종시키려고 하지 않을 것입니다. 또한 우리 둘 중 어느 누구도 한 통의 편지로 자신의 대의명분을 버리거나 포기하지도 않을 것입니다. 따라서 이들 서신은 '냉전' 토론의 논쟁으로부터 자유로울 수 있습니다'라고 언급함으로써 케네디는 상호 간에 교환 될 서신이 실질적이고 실용적으로 문제 해결에 도움이 되어야 하며 상호 신뢰를 쌓는데 유용해야 함을 강조하였다.[30]

30) http://www.state.gov/www/about_state/history/volume_vi/exchanges.html

그는 또한 흐루시초프가 인용했던 성경의 구절인 '노아의 방주'에 양 측의 운명을 비유한 것이 매우 좋았다고 칭찬하면서 '우리의 차이점이 무엇이든지 간에 평화를 지키기 위한 우리의 협력은 지난 번 세계 대전을 승리로 이끌기 위한 우리의 협력 못지않게 중요한 것입니다'라고 전쟁회피와 평화 보존의 의지를 피력하였다.[31]

31) http://www.state.gov/www/about_state/history/volume_vi/exchanges.html

케네디의 이러한 태도는 의례적인 인사치레가 아니라 그의 진정성이 담겨 있는 말이기도 하였다. 케네디는 대통령이 되기 이전부터 전쟁회피를 자신의 정치적 목표 중에 하나로 삼을 만큼 전쟁을 혐오하였다.

그는 24세의 젊은 나이에 제2차 세계대전에 참전하여 죽을 고비를 넘기면서 직접 전쟁을 체험한 그의 경험은 그에게 평생 동안 전쟁의 무서움과 참혹함을 알게 했으며 다시는 전쟁이 일어나서는 안 된다는 신념을 갖게 했다. 제2차 세계대전 이후인 1946년 케네디가 28세의 나이로 정계에 입문하기로 결심하고 매사추세츠 주의 민주당 연방하원 후보에 입후보하면서 밝힌 출마의 변은 그의 전쟁회피와 평화 보존의 가치관을 잘 나타내고 있다.

우리가 현재 행하고 있는 것은 향후 전개될 인류문명의 역사를 가다듬는 것입니다. 현재 세계는 참혹한 전쟁의 상처를 동여매려는 고달픈 노력을 하고 있으며 그것은 매우 혹독한 현실입니다. 우리를 훨씬 더 비참하게 만드는 것은 우리가 현재 걷잡을 수 없는 원자 에너지의 공포 속에서 살고 있다는 점입니다. 우리는 스스로를 완전히 파괴할 수도 있는 세계에 살고 있는 것입니다. 우리 앞에 가로 놓여 있는 시간은 가장 힘든 시기입니다. 무엇보다도, 매순간 우리가 소유하고 있는 모든 독창력과 근면함을 총동원해서 우리는 평화를 위해서 힘써야 합니다. 우리는 절대로 또다시 전쟁을 해서는 안 됩니다.32)

32) Helen O'Donnell, *A Common Good: The Friendship of Robert F. Kennedy and Kenneth P. O'Donnell*, New York: William Morrow, 1998, p. 48.

케네디의 이러한 정치관은 그가 대통령이 된 이후 위기의 시기에 전쟁을 회피하기 위한 인내심으로 발휘되었고, 군사적 도발을 옹호했던 군부와 정계의 강경파들로부터 압력을 견뎌내는 밑거름이 되었을 것으로 보인다. 또한 적대 세력의 수장인 흐루시초프의 비밀 서신에 대해서도 정치적 손익 계산을 떠나서 전쟁의 위기를 회피할 수 있는 기회라고 생각하여 흔쾌히 받아들였고, 성의 있는 답신을 보냈던 것이다.

흐루시초프 또한 미국에 비해 절대적으로 약세인 국력과 군사력으로 미국과의 냉전을 유리하게 이끌기 위하여 끊임없이 미국의 패권에 도전하면서 소련의 국제적 위상과 국제 정치력을 제고하려고 노력하였다. 이러한 과정에서 베를린 장벽과 같은 자극적인 조치를 취했으며 미국과 미국 동맹국들의 분노와 전쟁 위기를 자초하기도 하였지만 그러한 사태가 전쟁으로 발전되는 것은 원하지 않았던 것은 분명하다. 그가 케네디에게 보낸 비밀 서신은 바로 전쟁을 회피하기 위해서 자신의 진정성을 알리려는 고육지책이었음을 나타내고 있다. 흐루시초프도 케네디와 마찬가지로 강경보수주의자들이 주류를 이루는 정치국원들에게 둘러싸여 있는 상황에서 공개적인 후퇴나 유화정책은 곧바로 패배를 의미하며 고도의 정치적 부담과 실각의 위기를 감수해야 하므로 전쟁을 피하기 위해서는 극비리에 자신의 비교적 솔직한 속내를 케네디에게 보여줌으로써 극단적인 불신의 상황을 최소한의 신뢰의 상황으로 변화시켜보려는 냉전적 상황에서 보여 줄 수 있는 최선의 방식을 택했다고 볼 수 있다.

쿠바 미사일 위기에서 발휘된 지도력

1961년 여름 베를린 위기를 넘긴 미국과 소련은 1962년 10월 쿠바 미사일 위기라는 좀 더 극단적인 위기 국면에 직면하였다. 쿠바 미사일 위기는 미소 양국이 핵전쟁 발발 일

보직전까지 갔었던 사건으로서 인류 역사상 가장 위험했던 순간으로 기록되기도 했다. 이 위기는 소련이 핵탄두를 장착한 미사일기지를 쿠바에 설치하면서 시작되었다. 소련의 이러한 움직임을 간파했던 1962년 10월 16일부터 극단적인 위기를 넘겼던 10월 28일까지 13일 동안 케네디 정부는 긴박하게 움직였다. 소련의 조치에 극단적인 위기의식을 느낀 케네디는 소련의 흐루시초프에게 쿠바에 소련의 미사일을 배치하는 행위는 '의도적인 도발이며 현상을 부당하게 변경하는 것으로서 미국은 절대 수용할 수 없는 조치'임을 선언하고 즉각 미사일을 해체하여 철수시킬 것을 공개적으로 요구하였으며 동시에 미 해군에게 쿠바로 들어가는 모든 소련 선박의 봉쇄를 명령하였다.[33]

[33] "Radio and Television Report to the American People on the Soviet Arms Buildup in Cuba," October 22, 1962, *Public Papers of the Presidents: John F. Kennedy*, 1961, Washington D.C.: U.S. Government Printing Office, 1962, p. 807.

미국의 이러한 강력한 반발을 예상하면서도 소련이 미국의 플로리다에서 불과 150km 떨어진 쿠바에 미사일을 배치하기로 결정한 데에는 그럴만한 이유가 있었다. 흐루시초프는 자신의 회고록에서 '우리는 (피그만) 침공이 오직 시작에 불과할 뿐이며 미국인들이 쿠바를 결코 가만 놔두지 않을 것이라는 점은 매우 확실하다'고 쓰면서 쿠바를 미국의 또 다른 침공 위협으로부터 보호하기 위하여 '미국이 알아차리지 못하는 사이에 쿠바에 핵탄두를 장착한 미사일을 설치하려는 생각'을 가졌다고 술회했다. 그는 또한 쿠바에 미사일 기지를 설치하는 것이 단순히 쿠바만을 보호하는 것이 아님을 분명히 했다. 즉 미국이 소련을 겨냥하여 설치한 터키의 미국 미사일 기지에 대한 대응책이라는 점도 밝히고 있다. '쿠바에 우리의 미사일을 설치하는 것이 일차적으로 카스트로 정부에 대한 미국의 군사적 도발을 저지하는데 그 목적이 있지만, 쿠바를 보호하는 것 이외에도 우리의 미사일은 서방측이 '힘의 균형'이라고 부르는 것을 이룰 수 있을 것이다. 미국인들은 미사일 기지들로 우리나라를 에워싸고 있으며 핵무기로 우리를 위협하고 있는데, 이제 그들도 적의 미사일에 겨냥당하고 있다는 것이 어떤 느낌인지 알게 될 것이다'고 말함으로써 미국의 핵위협에 대한 대항의 의미가 있음을 분명히 했다.[34]

34) *Khrushchev Remembers*, with introduction, commentary, and notes by Edward Crankshaw, Boston: Little, Brown, 1970, pp. 492~494.

흐루시초프의 전략은 미국의 공격적인 핵전략에 대한 정당한 대응이었다고 평가될 수 있지만, 당시 케네디의 참모들에게는 전혀 그렇게 여겨지지 않았다. 소련의 쿠바 미사일 기지 설치에 대한 정보를 입수한 직후인 1962년 10월 18~19일에 케네디의 주재로 열린 수차례의 국가안보회의에서 그의 참모들은 대부분 케네디에게 선제공격을 명령할 것을 주문하였다. 그러나 케네디는 선제공격은 결국 '궁극적인 실패(a final failure)'가 될 것이 분명하다고 말하면서 참모들의 요구를 거절하였다. 그는 1962년 10월 18일 오전 11시에 각료회의실에서 열린 회의에서 '이제 문제는 분명히 궁극적인 실패로 귀착될 상호 간 핵무기를 동원한 전쟁의 가능성을 줄이기 위하여 우리가 어떤 조치를 취할 것인가가 진실로 중요하다'고 말하면서 참모들의 격앙된 군사공격 요구를 반대하면서 해상봉쇄와 같은 낮은 수준의 군사 행동과 정치·외교적 타결방안의 모색에 주력할 것임을 분명히 하였다.35)

그러나 케네디의 군사참모들은 좀 더 직접적이고 집요하게 선제공격을 요구하였다.

35) Sheldon M. Stern, *Averting "The Final Failure": John F. Kennedy and the Secret Cuban Missile Crisis Meetings*, Stanford, Calif.: Stanford University Press, 2003, pp. 105~106에서 재인용.

10월 19일 같은 장소에서 대통령 주재로 열린 회의에서 합동참모부의 공군참모총장 리메이(Curtis LeMay)는 대통령에게 '이것(해상봉쇄와 정치·외교적 해결책 모색)은 거의 1938년 뮌헨에서 행한 유화정책만큼이나 나쁜 것입니다. 나는 즉각적이고 직접적인 군사 개입 이외에 다른 어떠한 해결책도 이해하지 못하겠습니다'고 대통령에게 군사적 공격을 촉구하였다. 리메이 장군의 표현은 자신의 상관인 군통수권자에게 행한 단순한 권고나 정책의 추천을 넘어서는 언행이었다. 즉 케네디의 해상봉쇄와 정치적 해결책 모색 방안을 1939년 영국이 뮌헨에서 히틀러에게 했던 유화정책에 비유함으로써 당시 영국의 근시안적 단견과 비겁함을 케네디가 그대로 재현하고 있다는 불만을 상관의 면전에서 토로한 것이었다. 그러나 케네디는 그러한 모욕에 가까운 부하의 행동에도 침착함을 잃지 않고 단 한마디의 대꾸도 하지 않은 채 조용히 앉아 있었다. 약간의 어색한 침묵이 흐른 후에 해군, 육군, 해병대 참모총장들도 쿠바를 폭격하고 침략을 단행할 신속한 군사적 조치를 주장하였다. 이에 힘을 얻은 리메이 장군은 다시 한 번 케네디에게 도전적인 행동을 보였다. 그는 '나는 해상봉쇄와 정치적 회담이 우리의 동맹들과 중립국들에게 매우 유약한 대응으로서 간주될 것이라고 생각합니다. 우리 국민들도 역시 똑같이 느낄 것으로 확신합니다. 다시 말해서 대통령께서는 현재 진창에 빠져 있는 것입니다'라고 마치 비아냥거리듯이 말하면서 소련 미사일과 쿠바의 공군, 그리고 모든 통신시설에 대하여 무차별 공격을 가하도록 허락할 것을 촉구하였다. 그러나 케네디는 신속한 무차별 공격에 대한 요구를 거절하면서 '여러분들의 견해에 감사한다. 나는 우리 모두 우리의 대안에 대하여 다소 실망스러워 한다는 점을 잘 알고 있다'는 말로 회의를 마쳤다.[36]

케네디는 회의를 마친 후에 특별히 리메이 장군의 언행에 대하여 자신의 보좌관인 파워즈(Dave Powers)에게 '리메이가 문제를 그런 방식으로 이야

36) Stern, *Averting "The Final Failure": John F. Kennedy and the Secret Cuban Missile Crisis Meetings*, pp. 123~128에서 재인용.

기하는 것을 상상이나 할 수 있겠어요?……만일 우리가 그들(장군들)의 말을 듣고 그들이 원하는 대로 한다면 우리들 중 아무도 그들에게 틀렸었다고 말할 수 있을 만큼 오래 살아남아 있을 수 없을 겁니다'고 말함으로써 군사 공격에 대한 가능성을 일단 배제하고 해상봉쇄와 정치적 협상을 계속하겠다는 의지를 분명하게 표현하였다.37)

37) O'Donnell and Powers, "*Johnny, We Hardly Knew Ye*," p. 318.

군사공격에 대한 요구는 군부에서만 요구한 것이 아니었다. 국무부, 국방부, CIA 등 고위 참모들로 구성된 국가안보회의 실행위원회(Executive Committee)도 동일한 주장을 펼침으로써 케네디에게 압력을 가하였다. 당시의 상황에 대하여 당시 법무부 장관으로 재직하고 있었던 동생 로버트의 증언은 케네디의 고민을 잘 나타내고 있다. 로버트는 당시 가장 긴박했던 13일 동안을 회고록의 형태로 발간한 바 있는데, 거기에서 그는 10월 24일 수요일에 만일 기적적으로 소련 잠수함을 뒤따르던 두 척의 소련 선박이 미국의 봉쇄라인으로부터 회항하지 않는다면 소련 잠수함은 폭탄을 장착한 미국의 헬리콥터들에 의하여 저지될 것이라는 보고가 날아들고 있었고 케네디는 자신이 상황에 대한 통제권을 상실하여 핵전쟁이 일어나지 않을까 매우 두려워하였다고 증언하였다. 로버트는 또 당시의 케네디의 모습을 '그는 손을 올려 입을 감싸고 주먹을 쥐었다 폈다

했다. 그의 얼굴은 핼쑥해져 있었고 눈은 고통과 슬픔으로 차 있었다. 우리는 테이블 너머로 서로를 응시하고 있었다. 그는 마치 더 이상 대통령이 아닌 것 같았다'고 당시 상황을 묘사하였다.38)

38) Robert Kennedy, *Thirteen Days*, New York: Signet, 1969, pp. 69~70.

이처럼 긴박한 긴장 상황에서 해결의 실마리는 문제를 일으켰던 당사자인 흐루시초프로부터 나왔다. 즉 미국인들이 말했던 기적을 흐루시초프가 이끌어 냈던 것이다. 그는 소련의 선박들에게 그 자리에 그대로 멈출 것을 명령함으로써 미국이 정해놓은 봉쇄라인을 침범하지 못하게 하였다. 흐루시초프가 참모들의 선제공격 요구에 직면하여 '진창'에 빠져 있었던 케네디를 구한 셈이었다. 그러나 해상에서 소련의 선박이 멈춤으로써 일촉즉발의 위기는 벗어났지만 위기가 완전히 끝난 것은 아니었다. 쿠바 미사일 기지 건설 작업이 더욱 속도를 내고 있었기 때문이었다. 국방부와 실행위원회의 참모들은 대통령에게 쿠바에서 기지건설을 멈추게 할 군사공격에 대한 압력을 높여가고 있는 상황이었다. 흐루시초프는 다시 한 번 케네디에게 비밀 서신을 보냄으로써 케네디가 계속 상황을 관리하도록 지원하였다. 10월 26일의 편지에서 흐루시초프는 만일 케네디가 쿠바를 침략하지 않는다고 약속한다면 소련도 미사일을 철수시키겠노라는 희망적인 메시지를 전달하였다.39)

그러나 그 다음 날인 10월 27일 오전에 흐루시초프는 또 다른 요구를 담은 편지를 보냈다. 즉 흐루시초프는 미국이 터키로부터 핵미사일을 철수할 것을 약속하면 소련도 터키를 침략하지 않는다는 약속을 하겠다는 내용이었다.[40] 케네디로서는 당혹스런 제안이었다. 흐루시초프의 첫 번째 제안은 약간의 정치적 논쟁이 있을 수 있지만, 케네디로서는 쿠바의 미사일 기지를 철수시키기 위해서는 받아들일 수도 있는 것이었다. 그러나 두 번째 제안은 비록 그가 받아들이고자 한다고 하더라도 그것은 수많은 미국 군부와 국내 강경파들의 반대와 유럽 동맹국들의 반대를 무릅써야 하는 문제였다. 그러나 흐루시초프의 입장에서는 미국이 터키에서의 동등한 조치에 대한 약속 없이 쿠바에서 미사일을 철수시킨다는 것은 첨예하게 대립하고 있는 냉전 상황에서 패배로 비쳐질 수 있으며 자신의 정치적 입지가 위험에 처할 수도 있다고 판단하였다.

흐루시초프의 10월 26일과 27일의 비밀 서신은 보기에 따라서는 매우 상반된 주장을 하고 있는 것으로 이해될 수 있다. 그러나 이것은 당시 냉전이라는 정치적 상황을 고려한다면 다소 이해될 수 있는 행동으로 읽힐 수도 있다. 즉 흐루시초프는 일단 즉각적인 군사대립과 핵전쟁의 위기를

39) http://www.state.gov/www/about_state/history/volume_vi/exchanges.html

40) http://www.state.gov/www/about_state/history/volume_vi/exchanges.html

피하기 위하여 쿠바에서 미사일을 철수시킬 의도가 있음을 분명히 전달할 필요가 있었을 것이다. 그러나 단지 미국의 쿠바 불침공 약속만으로 철수를 감행한다면 뒤에 자신이 지게 될 정치적 부담은 매우 심각한 수준이 될 수도 있다고 판단했을 것이다. 미국에 대항하여 사회주의권역의 맹주이면서도 중국으로부터 끊임없이 지도력의 도전을 받고 있는 상황에서 별 소득도 없이 평지풍파만 일으키고 결국 미국에게 굴복했다는 동맹 내부의 비난은 자신의 국제정치적 지도력에 심각한 타격이 될 수도 있음을 흐루시초프는 결코 가볍게 생각하지 않았을 것이다. 또한 이러한 소련의 국제적인 위상의 추락은 쿠바에서 미사일 철수를 미국에 대한 패배와 굴욕으로 여기고 있었던 소련 국내의 강경파들에게 공격의 빌미를 주어 자신의 권력기반을 약화시킬 수 있는 요소임을 흐루시초프는 분명하게 인식하고 있었을 것이다. 그의 10월 27일 편지는 그러한 맥락에서 이번에는 반대로 케네디가 자신을 도와야 한다는 메시지를 담고 있었다. 즉 케네디가 시기를 확정하지는 못하더라도 터키에서 미국의 핵미사일을 철수하겠다는 언명을 해준다면 자신의 입지를 살려주는 것임을 분명히 전달하고 있었던 것이다.

10월 27일 흐루시초프의 서신과 거의 동시에 상황을 악화시킬 수 있는 또 하나의 좋지 않은 소식이 날아들었다.

쿠바 상공에서 정찰활동을 하고 있던 미국의 U-2 정찰기가 소련의 미사일에 격추되어 조종사 한 명이 사망했다는 보고였다. 미국 군부와 국가안보회의 실행위원회는 대통령에게 즉각적인 보복 공격을 더욱 거세게 요구하였다. 로버트는 당시의 상황을 '올가미가 우리 모두에게, 미국인들에게, 그리고 인류에게 조여오고 있었고 그것을 피할 수 있는 다리는 무너져 내리고 있었다. 그러나 다시 한 번 대통령은 모든 사람들의 요청을 물리쳤다'고 쓰고 있다. 케네디는 U-2의 격추에 대한 공군의 보복조치도 철회시켰다. 그는 여전히 평화적 해결책의 모색을 포기하지 않았다. 미국 군부를 대표하는 합동참모부는 크게 실망했다. 그러는 동안에 로버트를 중심으로 한 온건파 참모들은 흐루시초프의 첫 번째 제안을 받아들인다는 편지의 초안을 작성하였다. 그 초안에서 그들은 흐루시초프의 두 번째 제안에 대해서는 전혀 언급하지 않음으로써 거절의 뜻을 분명히 하였다.[41]

케네디는 흐루시초프의 두 번째 제안은 거절하였지만, 자신의 전쟁회피에 대한 진정성을 보여주기 위하여 동생인 로버트 케네디를 미국 주재 소련 대사관에 직접 파견하여 소련 대사에게 자신의 뜻을 전달하는 성의를 보였다. 흐루시초프는 후일 자신의 회고록에서 소련 대사인 도브리닌(Anatoly Dobrynin)으로부터 전달받은 메시지를 다음과

41) R. Kennedy, *Thirteen Days*, pp. 97~98.

같이 전하고 있다.

로버트 케네디가 말하기를 '대통령은 현재 엄중한 상황에 처해 있으며 그것을 어떻게 극복할지 알지 못하고 있다. 우리는 매우 심각한 압박을 받고 있다. 사실 우리는 쿠바에 대하여 군사력을 사용하라는 군부의 압력을 받고 있다.……우리는 도브리닌 씨 당신이 케네디 대통령의 메시지를 흐루시초프 서기장에게 비공식 채널을 통하여 전달하기를 원하고 있다.……비록 대통령 자신은 쿠바에 대하여 전쟁을 시작하는 것에 매우 반대하고 있을지라도 돌이킬 수없는 연속적인 사건들이 그의 의지에 반하여 발생하고 있다. 그것이 바로 대통령이 이 대립을 청산하는데 흐루시초프 서기장의 도움을 직접적으로 요청하는 이유이다. 만일 이 대립이 오래 지속된다면 대통령은 군부가 자신을 타도하고 권력을 장악할지도 모른다고 생각하고 있다.'[42]

42) Khrushchev Remembers, pp. 497~498. 흐루시초프의 표현 중 케네디에 대한 군부 쿠데타 운운한 대목은 도브리닌의 보고서에 직접 언급되고 있지는 않다. 도브리닌은 로버트 케네디가 "장군들 중에 비합리적인 사람들이 많기 때문에 시간이 갈수록 상황이 통제되지 않을 수도 있으며 돌이킬 수 없는 상황을 맞이할 수도 있다"고 말한 것으로 보고하였는데, 이것을 흐루시초프가 확대해석한 것으로 보인다. Richard Ned Lebow and Janice Gross Stein, *We All Lost the Cold War*, Princeton, N.J.: Princeton University Press, 1994, pp. 523~526.

로버트 케네디를 통하여 전달된 케네디의 메시지는 흐루시초프로 하여금 케네디의 의지와 상관없이 전쟁이 일어날 수도 있다는 긴장감을 심어주기에 충분했던 것으로 보인다. 흐루시초프는 회고록에서 로버트 케네디가 도브리닌에게 '나는 우리가 얼마나 오랫동안 군부에 저항하여 통제를 유지할지 알 수가 없다'라고 한 말을 그대로 옮겨 적으면서 '우리는 우리의 입장을 신속히 변경해야만 했다.……우리는 미국 대통령이 우리에게 미국이나 그 어떤 나라도 쿠바를 무력으로 침공하지 않을 것이라는 약속을 한다는 조건하에 우리의 미사일과 전투기를 철수하는데 동의한다는 각서를 미국인들에게 보냈다'고 쓰고 있다.[43] 즉 흐루시초프도 케네디 못지않게 사태가 전쟁으로 진전되는 것은 결코 원하지 않았으며 상황의 심각성을 케네디와 공유하고 있었음을 시사하고 있다.

43) *Khrushchev Remembers*, p. 498.

케네디가 자신의 동생을 통해서 흐루시초프에게 전달했던 또 하나의 중요한 메시지는 바로 미국의 터키 미사일 철수에 대한 구두약속이었다. 비록 비밀 서신에는 전혀 언급하지 않았지만, 흐루시초프가 절실히 요구했던 문제에 비공식적 구두약속을 해줌으로써 케네디는 자신이 할 수 있는 최선을 다하고 있음을 흐루시초프에게 전달하고 있었던 것이다.

이처럼 비밀 서신과 비공식 접촉이 있은 후에 케네디는 흐루시초프의 제안에 동의했고, 흐루시초프는 미사일을 철수하기 시작했다. 이것으로 극적인 대치 상황은 해소되었고 전쟁의 위기는 극복되었다. 흐루시초프가 쿠바 미사일 철수에 상응하는 조치로 미국에게 요구했고 미국이 약속했던 미국의 터키 미사일 철수는 즉각적으로 이루어지지는 않았으나 그로부터 6개월 후에 시행되었다.

사건 25년 후인 1987년 쿠바 미사일 위기 당시 국무장관이었던 러스크(Dean Rusk)는 케네디 대통령이 전쟁을 피하기 위하여 흐루시초프에게 더 많은 양보를 할 준비가 되어 있었다고 밝혔다. 러스크는 계속해서 10월 27일 로버트가 도브리닌을 만나기 위하여 떠난 후에 대통령은 '나에게 당시 콜롬비아대학교 총장이었던 코디어(Andrew Cordier)에게 전화를 걸도록 지시했고, 그에게 유엔 사무총장이 발표할 성명서를 받아쓰도록 하였는데, 쿠바와 터키에서 동시에 미사일을 철수하는 제안이었다. 코디어 총장은 우리로부터 승낙이 내려지면 그 성명서를 유엔 사무총장에게 건네기로 되어 있었다'고 증언했다.[44] 러스크의 이 증언은 1987년 3월 7일 플로리다에서 열린 학 학회에서 최초로 행해진 것으로서 이것을 전해들은 쿠바 미사일 위기 당시의 케네디의 군사 및 외교안보 참모들은 케네디가 스스로 심각한 정치적 부담을 떠안으면서까지 흐루시초프에게 그와 같은 양보를 준비했다는 데에 매우 놀랐다고 한다.[45] 그러나 이것은 이미 케네디가 로버트를 통하여

---

[44] James G. Blight and David A. Welch, *On the Brink*, New York: Noonday, 1990, pp. 83-84에서 재인용. 이 양보계획은 케네디가 로버트 케네디를 통하여 구두로 약속한 터키 미사일 철수 제안을 흐루시초프가 받아들였기 때문에 실행되지는 않았다.

[45] James W. Douglass, *JFK and the Unspeakable: Why He Died and Why It Matters*, Maryknoll, N.Y.: Orbis Books, 2008, p. 29.

비공식적으로 소련대사에게 비밀리에 했던 약속을 상황의 전개에 따라서 필요하다면 공식화시켜서라도 전쟁의 위기를 회피하려는 굳은 의지의 반영이었다.

쿠바 미사일 위기가 완전히 가라앉은 후에 케네디는 그의 친구였던 갈브레이스(John Kenneth Galbraith) 교수와의 대화에서 위기 당시에 자신의 군인 참모들과 민간인 참모들 모두 자신에게 무모하게 쿠바의 미사일 기지를 폭격하도록 압력을 가했던 것에 대하여 분노하면서 "나는 그렇게 할 뜻이 손톱만큼도 없었다네"라는 말로 당시 전쟁을 회피하기 위한 자신의 입장을 재확인하였다.[46]

46) John Kenneth Galbraith, *A Life on Our Times*, Boston: Houghton Mifflin, 1981, p. 388.

베를린 위기, 쿠바 미사일 위기 등 공산주의자들의 공격적인 행동을 처리하는 과정에서 케네디가 보여준 평화지향적인 리더십은 강경주의자들로부터 심각한 불신임을 받게 되었다. 그들이 보기에 소련을 비롯한 공산주의자들의 공세를 강력한 힘을 통하여 해결하지 않고 타협적인 자세로 평화를 구걸하는 케네디 대통령의 자세는 적에게 약한 모습을 보이는 비겁한 행위로 인식되었던 것이다. 그들의 주장은 충분한 힘의 우위를 확보하고 있으면서도 그 힘을 사용하지 않고 타협 일변도로 상황을 관리하는 대통령의 자세는 엄중한 냉전 상황에서 공산주의에 대항하려는 국내적 단결과 우방들의 결의를 약화시킬 뿐 평화를 가져올 수 없다는 것이었다.

1961년 1월 20일 취임식 장면

그러나 케네디는 군사적인 힘만으로 평화를 가져올 수 없다는 단호한 신념을 갖고 있었다. 군사적인 행동은 최후의 순간에 취할 수 있는 수단이지 타협이나 협상도 해보지 않고 군사적인 행동을 앞세운다는 것은 가장 손쉽지만 돌이킬 수 없는 치명적인 결과를 초래한다는 사실을 누구보다도 잘 알고 있었다. 즉 평화는 손쉽게 얻어지는 것이 아니며 인내와 끈기를 갖고 상대방과 소통하고 때로는 양보할 때만이 달성될 수 있는 것이라고 생각했다. 그의 이러한 신념에 근거한 평화를 위한 리더십은 미처 결실을 보기도

전에 텍사스 댈러스에서 총격으로 사망하면서 미완의 숙제로 남겨졌다.

1961년 6월 4일 비엔나에서 열린 미소 정상회회에서 흐루시초프와 회담하는 모습

나가는말

케네디가 대통령으로 재직했던 기간은 불과 3년이 채 되지 않은 기간이었다. 그는 대통령으로서 자신의 정치적 비전과 소신을 펼 충분한 시간을 갖지 못했다고 볼 수 있다. 그런 면에서 케네디는 냉전의 정점에서 잠시 동안 미국을 이끌었던 지도자로서 냉전의 상황과 논리라는 대세를 거스르지 못했던 지도자로 평가받는 것이 오히려 자연스러운지도 모른다. 실제로 그가 대통령이 되기 이전에 취했던 견해나 추구했던 정책들은 대부분 강경한 냉전주의적 대결에 걸맞는 것이라도 봐도 큰 무리는 없다. 그가 대통령이 된 후에 외교정책의 슬로건으로 내건 '유연한 반응(flexible response)' 정책은 군사비의 확대와 핵무기 경쟁을 부추긴 측면도 있었다.

그러나 케네디를 온전히 냉전적 대결 정책에 순응했던 대통령으로만 평가하는 데는 좀 더 많은 숙고가 필요하다. 케네디가 보여준 지도력은 시간과 경험이 쌓일수록 발전을 거듭한 진화형 리더십이라고 평가할 수 있다. 젊은 시절 그가 가졌던 인류 평화에 대한 비전인 '전쟁 없는 국제사회'의 신념, 정치인이 된 이후에 약소국의 독립을 지지하고 후원했던 정책, 대통령이 된 이후에 추구했던 소련과의 끊임없는 타협과 대화의 모색 등은 그를 강경한 냉전주의자로만 볼 수 없는 측면을 내포하고 있다. 특히 피그만 침공과 베를린 위기에서 그가 보여준 외교적 리더십은 타협보다는 힘의 우위를 통한 대결을 선호했던 강경주의자들의 요구를 완곡한 방법으로 거절하면서 전쟁의 회피를 위하여 지도자가 해야 할 일이 무엇인지를 명확히 인식하고 있었다는 점에서 그의 리더십의 특징을 보여준 좋은 예이다.

피그만 침공은 취임한지 불과 2개월만에 그가 부지불식간에 얽혀든 사건이었다. 이미 전임자인 아이젠하워가 거의 모든 준비를 완료한 상황에서 그는 단지 오케이 사인만을 내렸다가 크게 당한 케이스였다. 그러나 케네디는 자신의 실수를 재빨리 간파하고 그 후속조치를 합리적으로 내림으로써 사건을 조기에 수습하는 리더십을 보여주었다. 이것은 자칫하면 대통령이 자신의 부하들의 꼭두각시가 될 수도 있다는 중요한 학습을 한 사건이었다. 그런 면에서 케네디는 학습 능력이 매우 뛰어난 리더라고 평가할 수 있다.

베를린 위기에서 그가 보여준 행동은 이미 학습된 사항

을 실천에 옮긴 그의 외교적 리더십의 진수였다. 위기의 본질을 정확히 파악했던 면이나 핵전쟁의 위기감 속에서도 냉정함을 잃지 않았던 점, 그리고 특히 자신을 둘러싸고 있었던 참모들의 여러 주장들을 균형있게 다루면서 자신의 신념과 의지를 잃지 않았던 점 등은 한 리더가 보여 줄 수 있는 매우 중요한 리더십의 덕목을 드러냈다고 볼 수 있다. 또한 소련에 대해서도 감정의 완급을 조절하면서 소련의 공세를 적절히 다루어 결국 소련으로 하여금 자신이 그어 놓은 금을 넘지 않는 범위 내에서 타협적 태도로 나오도록 유도한 점 등은 그가 전쟁의 회피를 통한 평화 정착에 대한 강한 신념이 없었다면 결코 쉽지 않았을 태도였다.

케네디는 냉전이라는 벗어나기 어려운 단단한 현실 속에서 자신의 정치적 이상이 실현될 여지가 크지 않음을 인식하고 그것을 현실과 타협하면서 추구하기로 결정했다. 그가 자신의 참모들을 보수주의 진영과 자유주의 진영 모두로부터 발탁한 것도 그런 의중의 표현이며, 강경주의자들의 노선에 직접적인 제동을 걸지 않고 우회적으로 회피한 것도 불필요한 정치적 분쟁을 피하고 조용히 자신의 신념을 관철하려는 현실적 판단에서 나온 것으로 볼 수 있다. 케네디의 그러한 현실주의적 노선이 성공적이었는지, 냉전을 완화시키는 데 어느 정도로 공헌했는지에 관한 논의에 대해서는 확정적으로 결론을 내릴 수 없을지 모르지만, 그가 대결보다는 정치·외교적 타협을 중시했다는 점은 그가 현실을 무시하지 않으면서도 자신의 이상을 이루기 위하여 진지하게 노력한 현실적 평화주의자라는 판단을 가능하게 한다. 그는 냉전 시대에 짧은 기간 동안 미국 대통령으로 재임했지만 힘의 논리가 아닌 평화의 논리로 냉전을 극복하려는 그의 리더십은 현재 복잡한 국제 문제를 안고 있는 우리들에게도 많은 것들을 시사하고 있다.

연보

1917년 5월 29일	매사추세츠 주 브룩클린에서 탄생
1940년	하버드대학교 정치학과 졸업. 졸업 논문「왜 영국은 잠자고 있었나(Why England Slept)」를 책으로 출간하여 베스트셀러가 됨
1943~1944년	태평양 전쟁에 해군 장교로 참전하여 무공훈장을 받음
1945년	제대 후 잠시 신문기자로 근무
1946년	매사추세츠 주 제11선거구 연방 하원 의원으로 당선되어 정계에 진출
1952년	같은 구에서 연방 상원 의원으로 당선
1953년	『타임 헤럴드』사진기자 재클린 부비에(Jacqueline Bouvier)와 결혼
1957년	저서『용기 있는 사람들(Profiles in Courage)』로 퓰리처상 수상
1958년	상원 의원 재선

1960년   대통령 선거에서 민주당 후보로 출마, 공화당 후보 리처드 닉슨(Richard Nixon)을 근소한 표차로 누르고 당선
1961년 1월 17일   미국 제35대 대통령으로 취임
1963년 11월 22일 텍사스 주 댈러스 시에서 자동차 유세 중 총격에 의해 암살당함

미국 대통령 시리즈 발간에 붙여

 한국미국사학회는 국내 미국사 연구의 발전을 도모하기 위해 1989년 뜻을 같이 하는 미국사 연구자들이 모여 창립되었다. 이후 오늘에 이르기까지 한국미국사학회는 미국사 연구자들의 연구 성과를 국내외 학계 및 일반 대중에게 알리기 위해 전국학술대회 개최, 공식 학회지로서 『미국사연구』의 연2회 발간, 해외학술대회 참석 등의 활동을 활발히 전개해왔다.

 그런 가운데 대부분 대학에서 미국사를 연구하고 강의에 매진하는 학회 회원들은 개별적으로 수많은 논문과 저서 및 번역서를 출간해 창립 20주년이 막 지난 이즈음에는 각종 학회지에 발표한 수준 높은 논문이 수백 편이 넘고 저서와 번역서도 백여 권에 달하는 성과를 거두기도 했다. 하지만 학회 차원에서 이보형 초대 회장의 주관으로 회원들의 공동작업을 통해 편찬한 책으로는 1992년 『미국 역사의 기본 사료』(소나무)라는 제목으로 출간되었다가, 2006년 이 책의 증보판으로 『사료로 읽는 미국사』(궁리)가 유일했다고 할 수 있다. 이 점에 대해 학회 일을 오랫동안 해오고 관심을 기울여온 회원의 한 사람으로서 늘 아쉬움을 느껴오던 차였다.

그러던 중 본 학회에서는 2010년이 되면서 학회 창립 20주년이 지나고 미국 대통령 에이브러햄 링컨 탄생 200주년을 맞이하여 무언가 뜻 깊은 일을 하자고 결의하기에 이르렀다. 이에 따라 본 학회의 전임 권오신 회장과 임원진이 학회 회원 여러분의 의견을 모아 미국 대통령 시리즈를 발간하기로 결정을 보았다. 이런 보람 있는 사업을 위해 본 학회는 회원들이 합심해 물심양면의 지원을 하기로 하고 시리즈의 기획·편집·책임을 미국 대통령에 관해 여러 권의 저서를 출간한 바 있는 건양대의 김형곤 교수가 맡기로 했다. 이에 학회에서는 시리즈의 대상이 될 대통령의 선정 작업, 집필자의 신청 접수 및 선정 작업, 제작비용 등을 지원하며 발간이 계획된 대로 순조롭게 이루어지기를 도왔다.

이러한 과정을 거쳐 이제 한국미국사학회는 학회 회원 여러분의 노고와 염원에 힘입어 국내 서양사 관련 학회 중 최초로 총 10권에 달하는 시리즈 저작으로서 미국 대통령 시리즈를 탄생시킬 수 있었다. 이에 우선 이 일을 기획하고 추진하는 데 수고해주신 전임 권오신 회장과 임원진에게 감사드린다. 또한 임원으로서 본 시리즈의 기획·편집 일을 도맡아 해준 김형곤 교수에게도 노고를 치하드린다. 그리고 무엇보다도 시리즈의 집필을 기꺼이 맡아주시고 훌륭한 책으로 완성해주신 열 분의 집필자께도 대단히 고맙다는 말씀을 드린다. 이와 더불어 어려운 출판계의 사정에도 불구하고 모험에 가까운 시리즈의 출간을 맡아준 도서출판 선인에게도 감사한 마음을 전한다. 마지막으로 이 미국 대통령 시리즈가 국내 독자들에게 잘 알려지지 않은 미국 대통령의 진면목을 알기 쉽게 전달해 미국 역사에 대한 대중의 관심을 크게 불러일으켜 미국사 전반에 대한 대중적 독서 시장이 확대되는 계기가 될 수 있기를 기대해 본다.

한국미국사학회 회장

손 세 호

저자 l 장준갑

전북대학교 사학과 졸업
미국 미시시피 주립대학 철학박사(미국외교사 전공)
전북대학교 인문대학 사학과 교수(현재)
[주요 논문] 「케네디의 베트남 정책: 냉전 승리를 위한 색다른 방식」, 「케네디와 흐루시초프: 위기극복의 지도력」, 「케네디의 외교적 리더십: 현실적 평화주의자」, 「존슨 행정부 초기의 한미관계(1964~66): 베트남 파병 협상을 중심으로」, 「닉슨 행정부의 아시아 데탕트와 한미관계」, 「닉슨의 외교정책 읽기: 탈냉전적 국제주의」 외 다수.